LEBE.

SELBST.

BEWUSST.

15 Minuten täglich für ein
glücklicheres, bewussteres Leben.

Xaver Brüßel

LEBE.

SELBST.

BEWUSST.

15 Minuten täglich für ein
glücklicheres, bewussteres Leben.

Ratgeber

Bibliografische Information der Deutschen Nationalbibliothek:
Die Deutsche Nationalbibliothek verzeichnet diese Publikation in der Deutschen Nationalbibliografie; detaillierte bibliografische Daten sind im Internet über dnb.dnb.de abrufbar.

Erstveröffentlichung 2018.

Überarbeitete Neuveröffentlichung 2023.

Grafiken: OpenClipart-Vectors und OpenIcons auf www.pixabay.com

Covergestaltung: Xaver Brüßel

Coverbild: Foto von StockSnap auf www.pixabay.com

Mehr Informationen zum Autor: www.lebe-selbst-bewusst.de

Herstellung und Verlag: BoD — Books on Demand,
Norderstedt
ISBN: 978-3756898244

INHALTSVERZEICHNIS

Vorwort

Herzlichen Dank für den Erwerb dieses Buches. Sie haben den ersten Schritt einer aufregenden Reise in eine Welt voller Selbstbewusstsein getan. Doch von vornherein die Warnung: Nur durch den Kauf und das Lesen dieses Ratgebers werden Sie noch nicht selbstbewusster (zumindest würden Sie einiges verschenken). Sie müssen sich klarmachen, dass dies nur der Grundstein zu mehr Selbstbewusstsein ist. Dieser Ratgeber kann Ihnen Lösungen aufzeigen und Techniken beibringen, mit denen Sie selbstbewusster werden — und es liegt an Ihnen, diese Techniken und Übungen auch regelmäßig anzuwenden. Doch wenn Sie wirklich bereit sind, sich selbst zu ändern und sich auf diese Reise zu begeben, dann stehen Ihnen sprichwörtlich alle Türen offen. Bitte nehmen Sie sich die Zeit, um die hier enthaltenen Übungen täglich durchzuführen. Es bedarf lediglich ca. 15 Minuten, doch der Erfolg ist weitaus größer, als wenn Sie dieses nicht tun.

Ein selbstbewusstes Leben zu führen bedeutet auch, ein glückliches Leben führen zu können. Mit diesem Buch möchte ich Ihnen eine Hilfe und einen Leitfaden an die Hand geben, wie Sie in kurzer Zeit selbstbewusster werden und damit auch ein ausgewogenes und glückliches Leben führen können. Ich werde Ihnen einige Hintergrundinformationen in unsere

Psyche geben, dabei jedoch (hoffentlich) nicht zu weit ins Detail gehen — nur so viel, dass Sie auch nachvollziehen können, wie unser Gehirn »tickt«. Anhand von praxisbezogenen Beispielen und einfachen Übungen werden Sie schnell verstehen, wie auch Sie mehr Selbstbewusstsein erlangen können. Selbstbewusst bedeutet auch, sich seiner selbst bewusst zu sein — es bedeutet daher auch, auf sich zu achten. Dabei hat es weder etwas mit Arroganz noch mit irgendeiner ominösen mystischen Kraft zu tun. Die Ratschläge und Tipps, die Sie hier erhalten, funktionieren bei Menschen in Amerika genauso wie in Asien, Afrika oder Europa. Es sind einfache und für jede Hautfarbe oder Religion anwendbare Übungen und Gesetze, die auf jeden Menschen übertragbar sind. Ob Sie gläubig sind (im Sinne von einer religiösen Überzeugung) oder nicht, spielt dabei ebenfalls keine Rolle. Die einzigen Voraussetzungen, die Sie mitbringen müssen: Sie müssen des Lesens und Schreibens mächtig sein — und den Willen haben, etwas zu verändern. Denn nichts ändert sich, es sei denn, Du änderst DICH!

An alle Skeptiker unter meinen Lesern: Skepsis ist gut, zu viele Vorurteile behindern jedoch den Erfolg. Wenn Sie also sagen: »Ich bin davon zwar nicht überzeugt, doch ich werde den Ratschlägen einfach mal folgen und gebe dem eine Chance«, dann ist das völlig in Ordnung. Wenn Sie zu denen gehören, die denken »Ich glaube nicht daran, und ich werde das auch nicht probieren, weil das eh nicht funktioniert«, danke ich Ihnen, dass Sie dieses Buch gekauft haben — es ist für Sie rausgeworfenes Geld. Also: Geben Sie sich selbst einen Ruck und den Übungen eine Chance, dann werden Sie viel Freude an diesem Buch haben und feststellen, wie leicht sich Ihr Leben verändern lässt — zum Besseren selbstverständlich.

Noch ein Wort zur Anrede: Da die informelle Ansprache »Du« unser Unterbewusstsein viel schneller und stärker erreicht, als das formelle »Sie« werde ich ab jetzt nur noch die informelle Ansprache wählen.

ÜBER DEN AUTOR

Mein Name ist Xaver Brüßel. Geboren wurde ich Anfang Februar 1973. Ich wuchs mit meinen beiden Geschwistern in einer gutbürgerlichen »Durchschnittsfamilie« auf. Meine Mutter war für die Familie und den Haushalt zuständig, mein Stiefvater brachte das Geld nach Hause — eine für damalige Verhältnisse ganz gewöhnliche Rollenteilung.

Meiner Erinnerung nach hatte ich eine schöne Kindheit, jedoch war ich von Anfang an eher zurückhaltend und ein Einzelgänger. Den größten Teil meiner Kindheit verbrachte ich mit Lesen — ich las einfach ziemlich alles. Freunde hatte ich nur zwei und in der Schule galt ich als schüchtern.

Meine Mutter war, und ist immer noch, ein recht negativ denkender Mensch — und auch mein Vater hat mir nie viel zugetraut. Das prägte natürlich auch meine Persönlichkeit und meine Einstellung zum Leben.

Hättest Du mich im Alter von 20 Jahren kennengelernt, würdest Du mich heute kaum wiedererkennen. Ich war immer zurückhaltend und sehr schüchtern. Das ging sogar so weit, dass ich mich einfach weigerte andere Menschen kennenzulernen und ich nur sehr schwer mit mir fremden Menschen warm wurde.

Im Alter von 25 Jahren beschloss ich, dass es so nicht weitergehen sollte. Dies war meine erste bewusste Entscheidung für ein anderes Leben, dass ich so nicht mehr weiterführen wollte. Obwohl ich zu der Zeit bereits verheiratet und Vater einer Tochter und eines Sohnes war, merkte ich, dass sich etwas ändern muss.

Mehr aus »Zufall« (wobei wir uns mit diesem Thema auch noch später beschäftigen werden) nahm ich dann an einem Einführungs-Seminar zum Thema Persönlichkeitsentwicklung teil — und merkte schnell, dass dies genau das war, was mir in meinem Leben fehlte. Fortan besuchte ich nahezu jeden Monat ein Seminar, las viele Bücher von namhaften Autoren wie Dale Carnegie, Jürgen Höller, Nikolaus B. Enkelmann, Anthony Robbins, Brian Tracy, Stephan Landsiedel, Samy Molcho und viele weitere mehr.

Schon bald veränderte sich mein Leben — und ich genoss diese Veränderungen, denn nun wurde ich freier, selbstbewusster und vor allem: glücklicher!

Seit dieser Zeit und noch weiteren »Aha-Erlebnissen«, beschäftige ich mich daher mit Psychologie — und hier besonders damit, WARUM Menschen Denken, wie sie denken.

Dieses Wissen möchte ich gerne mit Dir teilen — um auch Dir zu einem selbstbewussteren und glücklicheren Leben zu verhelfen. Daher habe ich mein Wissen zum Thema »Selbstbewusstsein« mit eigenen Erfahrungen und Erlebnissen verbunden und gebe es Dir in diesem Buch in einfachen Worten und Übungen weiter.

Vielen Menschen konnte ich bereits helfen, mit diesem Wissen ein selbstbewusstes und glückliches Leben zu führen. Und auch in meinem Leben wende ich dieses Wissen immer wieder an.

Die Welt ist leider nicht nur rosarot, es kommen immer wieder auch stürmische Zeiten auf jeden von uns zu — und jeder einzelne von uns kann sich darauf ganz einfach vorbereiten und aus jeder auch noch so schlechten Situation gestärkt wieder herauskommen.

Nimm jede Situation, jedes Erlebnis als Gelegenheit zu wachsen und zu lernen — denn das ist es, was alles Leben macht: wachsen.

Gehe daher mit mir diesen Weg und Du wirst schon sehr bald merken, wie sich Dein Leben zum Besseren wendet.

Gerne würde ich auch von Deinen Erfahrungen, die Du mit diesem Buch gemacht hast, hören. Schreibe mir einfach eine E-Mail und berichte mir, wie sich Dein Leben verändert hat. Selbstverständlich werden alle Angaben streng vertraulich behandelt.

WIE DAS BUCH VERWENDET WERDEN SOLLTE

Eine Bedienungsanleitung für ein Buch? Ja, denn dieses Buch ist ein Arbeitsbuch und keine reine Bettlektüre. Darum möchte ich Dich bitten, beim Lesen die folgenden Punkte zu beachten, um den größtmöglichen Nutzen aus diesem Buch zu ziehen:

Wie gesagt, es handelt sich in erster Linie um ein Arbeitsbuch. Der breite Rand dient dazu, um Notizen oder wichtige Gedanken zu dem Inhalt festzuhalten. Auf wichtige oder nützliche Absätze informiert Dich auch noch ein „Achtung-Schild" am Rand. Nutze ihn  auch für eigene, handgeschriebene Notizen. Gleichzeitig solltest Du für Dich wichtige Passagen markieren und auch nochmals mit eigenen Worten aufschreiben, denn das vertieft noch einmal die Gedanken und damit den Lerneffekt! Die weiteren Formulare für die Übungen findest Du auf meiner Internetseite. Diese sind ebenfalls zum Ausdrucken geeignet und Du solltest es auch am besten gleich machen, denn Du brauchst diese Vordrucke regelmäßig.

Dann ist es ganz wichtig, dass Du den Anweisungen in diesem Buch SOFORT Folge leistest. Es ist so aufgebaut, dass Du auch schon recht früh die ersten Übungen machst. Auch wenn Dir der Sinn einer Übung nicht gleich ersichtlich wird, so bitte ich Dich doch, diese Übungen dann zu machen, wenn ich Dich dazu auffordere. In diesem Punkt bitte ich Dich einfach, mir und meiner Erfahrung zu vertrauen. Ich weiß, was ich tue und von Dir erwarte. Darum, mache die Übungen sofort — denn das wird Dir helfen, den größten Nutzen aus diesem Buch zu ziehen. Wenn Du eine Übung sofort machen sollst, dann findest Du am Rand ein „Stopp-Schild".

Da es sich hierbei um einen kompakten Ratgeber handelt, sind viele Erkenntnisse in komprimierter Form geschrieben. Das heißt, dass ich Dir bei einigen Dingen nicht so viele Hintergrundinformationen dazu gebe, wie das in einem „normalen" Buch der Fall wäre. Wenn Du zu der einen oder anderen Technik offene Fragen hast, oder Dir etwas nicht ganz einleuchtet, dann nutze bitte meine Internetseite, um mich zu kontaktieren — ich werde Dir auch über dieses Buch hinaus weiter behilflich sein.

Ich wünsche Dir mit diesem Buch ganz viel Spaß und vor allem viel Erfolg auf Deinem Weg zu einem selbstbewussten und glücklichen Leben.

Einführung in die Welt des Bewusst- und Unterbewusstseins

Du wirst beim Lesen dieses Buches immer wieder auf die Begriffe »Bewusstsein« und »Unterbewusstsein« stoßen. Darum möchte ich an dieser Stelle einmal etwas näher auf diese Begriffe eingehen. Und selbst wenn Du schon einiges darüber weißt, lade ich Dich ein auch dieses Kapitel zu lesen und nicht gleich zum nächsten Kapitel zu wechseln.

Unser »Bewusstsein« ist der Teil unseres Gehirns, unseres Denkens, den wir selbst kontrollieren. So treffen wir »bewusst« eine Entscheidung, dass wir z. B. einen Arm oder ein Bein bewegen. Wir haben die Kontrolle darüber. Unser »Unterbewusstsein« ist der Teil des Gehirns, der alle Abläufe im Körper steuert. So müssen wir zum Beispiel nicht »bewusst« atmen (auch wenn ich Dir dazu raten würde, das öfter mal zu machen) oder unser Herz zum Schlagen bewegen, das alles steuert unser Unterbewusstsein. Das Unterbewusstsein ist sozusagen unser Autopilot.

Wir müssen nicht über alles nachdenken, viele Dinge passieren einfach automatisch, ohne dass wir eine Kontrolle darüber hätten.

Das Bewusstsein und Unterbewusstsein arbeiten so Hand in Hand zusammen und man könnte meinen, dass das Unterbewusstsein der »Sklave« oder Helfer unseres Bewusstseins ist, denn das Unterbewusstsein nimmt uns eine ganze Menge Aufgaben und Entscheidungen ab. Je länger wir leben, lernt unser Unterbewusstsein immer mehr dazu und nimmt uns immer mehr und mehr Arbeit ab.

Jeder kennt das: Als wir den Führerschein gemacht haben (oder für die jüngeren: als Du Fahrrad fahren gelernt hast), fiel uns das Autofahren noch schwer. Wir mussten darüber nachdenken, was wir als Nächstes tun müssen, um das Auto zu bewegen. Tür aufschließen, einsteigen, Spiegel kontrollieren, anschnallen, Leerlauf einstellen, Motor anlassen, Gang einlegen, blinken, Schulterblick, Kupplung kommen lassen, Gas geben und so weiter. Anfangs war das nicht immer leicht und bestimmt hast Du auch am Anfang so manches Mal den Motor abgewürgt. Autofahren ist eine komplexe Abfolge von Entscheidungen und Handlungen. Und jetzt? Fällt Dir das Auto fahren immer noch schwer? Wohl nicht, wenn Du zumindest schon einige Zeit regelmäßig fährst. Geht es Dir vielleicht auch manchmal so, dass Du fährst und Dich nach einiger Zeit wunderst, wo Du schon bist? Fragst Du Dich manchmal auch, was da auf dem ganzen Weg passiert ist? Du kannst Dich vielleicht auch nicht mehr an die letzten paar Kilometer erinnern? Dann beschreibt genau diese Situation sehr gut, was unser Unterbewusstsein zu leisten imstande ist. Unser »Autopilot« nimmt uns diese Arbeit ab, wir müssen nicht mehr darüber nachdenken, wie man Auto fährt, man fährt einfach.

Diesen Automatismus kann man in fast allen Bereiche des Lebens, und vor allem des Lernens, wieder finden. Deine ersten Schritte waren noch wacklig, doch heute musst Du wahrscheinlich nicht mehr darüber nachdenken, wie Du gehen musst — Du gehst einfach. Wahrscheinlich hast Du einen Beruf erlernt — am Anfang musstest Du Dich richtig konzentrieren, um ihn auszuführen und viel lernen, doch heute machst Du Deinen Job einfach. Durch Training lernt unser Unterbewusstsein dazu und hilft uns Arbeiten abzunehmen, damit unser Bewusstsein mehr Zeit fürs wesentliche hat.

In diesem Zusammenhang ist interessant, dass z. B. Kinder noch längst nicht diesen ausgeprägten Automatismus haben — deren Unterbewusstsein oder Autopilot ist noch nicht so programmiert wie das eines Erwachsenen. Zeigt man z. B. Erwachsenen Bilder von ähnlichen Schimpansen, so sind diese nach kurzer Zeit gelangweilt. Unser Autopilot hat uns gelehrt, dass wir Schimpansen nicht voneinander unterscheiden können müssen, also reduziert es das Bild auf eine Information: Bild von Schimpanse = Schimpanse. Macht man das Experiment mit Kleinkindern, so stellt man fest, dass diese auch noch nach längerer Zeit immer wieder Unterschiede zwischen den einzelnen Bildern entdecken und Spaß daran haben. Kleinkinder haben also noch keinen Autopiloten, der ihnen sagt, dass diese Informationen nicht so wichtig sind und diese einfach weglässt. Sie sehen diese Unterschiede noch.

Dass unser Bewusstsein nicht mit allen Informationen versorgt wird, die unsere Sinne aufnehmen, ist auch gut so, denn diese Informationsflut könnten wir gar nicht verarbeiten. So filtert unser Unterbewusstsein nötige von unwichtigen Informationen und versorgt unser Bewusstsein nur mit den für uns »wichtigen« Informationen.

Woher weiß unser Unterbewusstsein, welche Informationen benötigt werden und welche nicht? Durch Training und Lernen und gemachten Erfahrungen. Lernen beginnt von frühester Kindheit an und hört niemals auf. Wir lernen dabei am besten durch Nachahmung und Wiederholung. Und nachahmen kann man nur das, was einem auch vorgemacht wird — und das ist bereits der erste Schlüssel zu unserem Unterbewusstsein: Wir lernen durch unsere Umgebung und werden davon auch geprägt! Wenn in Deiner Umgebung viele negativ denkende Menschen sind, so ist es wahrscheinlicher, dass auch Du eher negativ denkst.

Wenn in Deiner Kindheit und Jugend Dein Umfeld eher liebevoll geprägt war, dann wirst Du auch sehr wahrscheinlich liebevoller mit anderen umgehen, als diejenigen, wo Hass und Streit dominiert haben.

Unser Unterbewusstsein filtert dabei nicht. Es wertet nicht, es hat kein Gewissen — es lässt alles durch und nimmt alles auf, was durch unsere bewussten Gedanken dahin weitergeleitet wird. Und wenn es die Informationen lange genug erhalten hat (durch ständige Wiederholungen), dann nimmt es das als gegeben hin und speichert es. Es baut also einen Filter, der neue Informationen anhand der bislang gemachten Erfahrungen bewertet. Daher kann unser Unterbewusstsein unser bester Freund und gleichzeitig auch unser ärgster Feind werden! Eigentlich meinen wir, dass wir uns kontrollieren, dass wir unsere Handlungen und das, was wir sagen, bestimmen — doch oft werden wir von unserem Unterbewusstsein erst dazu gebracht!

Unser Bewusstsein, unser bewusstes Denken also, wertet die Informationen. In gut oder schlecht, in nützlich oder wertlos, in schön oder hässlich, in angenehm oder unangenehm. Diese Informationen gelangen von unserem Bewusstsein ins Unterbewusstsein, welches dann diese Informationen abspeichert und bei späteren Erfahrungen darauf zurückgreift und die aktuelle Situation mit den gespeicherten Informationen vergleicht. Diese in unserem Unterbewusstsein »gelernten« oder »gespeicherten« Informationen veranlassen uns dann zu einer bewussten Entscheidung.

Jeder von uns kennt das: Unser Gehirn sagt: »lass es« und unser Bauchgefühl sagt:

»mach es«! Dieses Bauchgefühl kommt aus unserem Unterbewusstsein. Es sendet Signale, die wir nicht richtig einordnen können und die uns fast immer auf unser Bauchgefühl hören lassen. Vielleicht ist das nicht immer die beste Wahl, doch wenn sich der Kopf und der Bauch streiten, dann gewinnt fast immer der Bauch!

Das, was unserem Gehirn dabei vorgegeben ist, sind unsere Lebenserfahrungen, verbunden mit einer weiteren wichtigen Eigenschaft unseres Unterbewusstseins: Es versucht, uns immer von Schmerzen fernzuhalten und Freude zu verspüren. Und zwar siegt hier die kurzfristige Freude über langfristigen Schmerz.

So drängt es uns vielleicht, schöne Sachen zu kaufen, mit Geld, was wir gerade bekommen haben. Das Glücksgefühl für die Anschaffung ist für unser Unterbewusstsein wichtiger, als der langfristige Schmerz, dass das Geld fehlt. In diesem Fall hat unser Unterbewusstsein einfach gelernt, dass Anschaffung Freude macht! Das ist nur ein Beispiel, doch ich bin mir sicher, dass Du einige Punkte nachvollziehen kannst.

Das funktioniert auch andersherum: Wenn wir gelernt haben, dass der Zahnarzt immer nur Ärger und Schmerz bringt, veranlasst uns unser Unterbewusstsein dazu, dass wir alle möglichen Ausreden finden, warum wir keine Zeit haben, um zum Zahnarzt zu gehen.

Es gibt für unser Unterbewusstsein nur diese zwei Motivationen: Schmerz verhindern und Freude erleben. Es wird uns also immer weg von Schmerzen und hin zur Freude lenken. Dabei steht immer das Kurzfristige, das Hier und Jetzt, im Vordergrund!

Je größer der Schmerz und je gewaltiger die Konsequenzen, umso mehr wird Dich Dein Unterbewusstsein beeinflussen. Wenn Du also gerne Schokolade magst, und Probleme mit Deiner Figur hast (vielleicht gerade deswegen), dann wird Dich Dein Unterbewusstsein nur dann von der Schokolade (= Freude) fernhalten, wenn die Konsequenzen (= Schmerz) dafür abschreckend genug sind. Ist das nicht der Fall, dann überwiegt der Drang zur Freude über das langfristige Vermeiden von Schmerzen.

Dieser Mechanismus ist eine der wichtigsten Eigenschaften unseres Unterbewusstseins und ein mächtiges Instrument, denn wir werden nur zu oft in unserem Leben hier von beeinflusst.

Durch das, was wir machen, was uns gesagt wird, was wir lesen, sehen oder hören mögen, lernt unser »Autopilot«. Gleichzeitig baut er einen Rahmen, in dem wir uns sicher bewegen können. Das, was wir kennen, das macht uns sicher. Alles, was neu und unbekannt ist, macht uns vielleicht etwas Angst — es ist ein Bereich, den wir (noch) nicht kontrollieren können. Im Laufe unseres Lebens schafft unser Unterbewusstsein einen immer dickeren und starreren Rahmen. Ich nenne das unsere »Wohlfühlzone«. In diesem Bereich kennen wir uns aus und fühlen uns sicher und geborgen. Auch das ist ein wichtiger Bestandteil unseres »Autopiloten«, denn diese Zone schafft uns einen Rahmen, der vor unliebsamen und schmerzhaften Erfahrungen schützt. Gleichzeitig kostet es auch immer Überwindung, diese Wohlfühlzone zu verlassen und zu erweitern — dieser Rahmen wird so zur Mauer und schränkt uns daher auch ein und verhindert, dass wir neue, andere, Erfahrungen machen, die unser Leben bereichern können.

Auch hierzu ein Beispiel: Ein Mensch hat gelernt, wie Wiener Schnitzel schmecken. Vielleicht mag er sie nicht besonders gerne, doch er weiß, worauf er sich einlässt, wenn er sie isst. Er kann sich also darauf verlassen, dass wenn er Wiener Schnitzel in einem Restaurant bestellt, was ihm dann vorgesetzt wird. Wenn so ein Mensch nun in ein Restaurant kommt, wo viele Speisen angeboten werden, die er nicht kennt, wählt er wahrscheinlich das Wiener Schnitzel — besonders, wenn er schon öfter negative Erfahrungen mit unbekannten Speisen gemacht hat. So kann er etwas essen, ohne seine Wohlfühlzone zu verlassen. Er weiß, was er bekommt und kann es kontrollieren. Jetzt etwas anderes zu bestellen, würde bedeuten, dass er das bekannte und vertraute Terrain verlassen müsste — und je älter wir werden, umso seltener verlassen wir diese. Es schützt uns vor weiteren negativen Erfahrungen, doch es beraubt uns auch einer weiteren schönen oder inspirierenden Erfahrung.

Selbstverständlich kann dieses »Wiener Schnitzel«-Beispiel auch auf viele andere Situationen angewendet werden. Oder warum sonst entscheiden sich so viele Geschäftsleute und Reisende dafür, an einer bekannten Fast-Food-Kette anzuhalten und zu essen, wenn sie unterwegs sind? Einfach weil sie wissen, was es dort gibt und wie es schmeckt. Bei irgendeinem Restaurant in der

Nähe weiß man das halt eben nicht. Ich denke, auch Du hast schon die eine oder andere Erfahrung damit gemacht.

Wenn uns also schon von früh an eingegeben wurde, dass wir wertlos, schlecht, schüchtern oder schwach sind (egal ob von den eigenen Eltern, Verwandten oder Lehrern, Mitschülern usw.), dann speichert unser Unterbewusstsein das auch — und wir sind letztlich so. Wenn uns das Leben »gelehrt« hat, dass unbekanntes gefährlich oder zumindest negativ sein kann, dann wird uns das in unserem Verhalten beeinflussen — und unsere Wohlfühlzone wird relativ klein sein.

Ist dann das ganze Gerede von Selbstbewusstsein und Persönlichkeitsentwicklung wirklich etwas Wert? Verstehe ich jetzt vielleicht gerade nur, warum ich so geworden bin? Ist das mein Schicksal? Muss ich jetzt damit für immer leben? Vielleicht. Diese Erkenntnis hilft Dir möglicherweise jetzt nicht wirklich — doch Du kannst verstehen, wieso Du heute so bist, wie Du bist. Oft fällt es den Menschen dann leicht zu sagen: »Siehst Du, ich trage keine Schuld an dem, was aus mir geworden ist. Ich konnte nichts dafür, es liegt an den anderen.« Es ist leicht, Verantwortung abzuschieben und die Fehler bei anderen zu suchen — vergiss bitte nicht: Du bist für Dich und Dein Leben selbst verantwortlich. Und nur dass Du heute bist, was Du bist, bedeutet noch lange nicht, dass Du auch so bleiben musst. Die Verantwortung und Schuld auf andere zu schieben, bedeutet nur, das eigene Leben in die Hände anderer zu legen. Das ist vielleicht bequem, es macht Dich jedoch zu einer Marionette und einem Spielball derer, die ihr Leben in die eigene Hand nehmen — und Deines dazu!

Die gute Nachricht ist: Wenn Du einmal verstanden hast, wie Dein Bewusstsein und Unterbewusstsein funktioniert, kannst Du Dich auch bewusst dafür entscheiden, wie es in Zukunft weiter gehen soll. Du kannst Dich JETZT dafür entscheiden so weiterzuleben, wie bisher (und das willst Du ja wohl nicht, sonst hättest Du nicht dieses Buch gekauft), oder etwas zu VERÄNDERN. Denn Du hast in jedem Moment Deines Lebens die Möglichkeit zu sagen: Das, was ich bisher erreicht habe, das, was aus mir geworden ist, das gefällt mir nicht mehr und ich möchte es verändern!

Veränderungen werden von vielen Menschen als schlecht angesehen — weil es mit

Arbeit verbunden ist, weil man wieder etwas lernen muss. Das gilt ganz besonders für Veränderungen unserer Persönlichkeit und unseres Verhaltens! Fast könnte man meinen, es ist so wie wieder sprechen oder laufen zu lernen. Es ist Dir vielleicht auch manchmal zuwider, über Dich und Dein Leben nachzudenken — sich einzugestehen, dass doch nicht alles so gut war, wie Du es bis eben vielleicht noch dachtest. Doch es bietet auch immer eine Chance — die Chance, dass die Welt vielleicht doch nicht so grau ist, wie Du sie siehst. Die Chance, ein erfüllteres Leben zu führen, die Chance endlich das tun zu können, wovon man immer schon geträumt hat.

Die Wohlfühlzone zu vergrößern, kann unendlich viele Bereicherungen für Dich und Dein Leben bringen. Ich sage ja nicht, dass Du alle Grenzen einreißen und alle Mauern, die Deine Wohlfühlzone umgeben, sprengen sollst. Verändere zunächst nur einen Teil — bohre ein kleines Loch in die Mauer und schau, was dahinter liegt. Reiße nur einen Teil dieser Mauer ein und vergrößere Deinen Horizont. Dehne Deine Grenzen langsam, Stück für Stück, weiter aus — und Du wirst sehen, welche Möglichkeiten, welche positiven Überraschungen, welche schönen Dinge dahinter verborgen sind. Grenze Dich nicht von anderen und der Welt ab, sondern gehe einen Schritt auf sie zu.

Wenn Du Dich an meine Ratschläge hältst und die Übungen, die ich Dir zeigen werde, regelmäßig durchführst, dann wirst Du sehr schnell feststellen, dass diese Art der Veränderung sehr viel Spaß machen kann. Du wirst Fortschritte bemerken, die Dich anspornen, weiterzumachen — und die Dich vielleicht auch dazu bringen, weiter in diesem Thema zu forschen. Du wirst Dinge tun, die Du vielleicht noch jetzt für unmöglich gehalten hast. Du wirst freier und offener werden — einfach: glücklicher.

Ich möchte hier nicht den Eindruck erwecken, der »All-Heil-Bringer« zu sein. Beschäftige Dich einfach weiter mit diesem Thema und lese auch andere Bücher, besuche Seminare, gehe Deinen (neuen) Weg weiter. Entwickele Deine Persönlichkeit und lebe Deine Träume! Dir steht die ganze Welt offen — nutze sie und werde glücklich!

DU BIST EIN GEWINNER

Du bist ein Gewinner! Ist diese Aussage für Dich zurzeit nicht so recht nachvollziehbar? Das kann ich verstehen, denn auch ich habe mich vor einigen Jahren nicht so gesehen. Wie kann ich dann zu so einer Aussage kommen? Ich kenne Dich doch gar nicht?

Stell Dir mal einen Wettlauf vor, an dem sich unglaubliche viele Menschen beteiligen — vielleicht den berühmten New York Marathon. Alle haben sich gut vorbereitet und laufen mit dem Startschuss los — und alle haben nur ein Ziel: Gewinnen! Wie würdest Du Dich fühlen, wenn Du an diesem Wettlauf teilnehmen würdest? Als einer unter vielen, mit einer sehr geringen Siegchance? Und nun stell Dir vor, Du gewinnst diesen Marathon tatsächlich! Würdest Du Dich dann nicht ganz gewiss als Gewinner fühlen? Wärst Du nicht sehr stolz auf Dich und auf das, was Du erreicht hättest? Ich denke schon!

Jedoch, auch wenn Du kein Langstreckenläufer bist und auch nicht die körperlichen Voraussetzungen für solch einen Lauf hast: Du hast in Deinem Leben schon etwas viel Größeres erreicht! Etwas so ungeheuerliches, dass solch ein Wettkampf nur wie ein schlappes Event aussehen lässt — und Du hast bereits die größte Belohnung hierfür bekommen, die es nur geben kann! Dein Wettbewerb hatte nicht ein paar tausend, sondern viele Millionen von Teilnehmern! Und tatsächlich warst DU der Gewinner dieses Wettstreits! Millionen von Samenzellen mit Erbgut waren bei Deiner Zeugung Deine Mitstreiter — doch Du hast diesen wichtigsten Lauf um Dein Leben gewonnen! Du warst der Gewinner dieses einzigartigen Wettkampfs! Du hast Dir das Recht zu leben erstritten und hast die Belohnung des Lebens empfangen! In diesem Licht gesehen, BIST Du ein Gewinner! Den wichtigsten Kampf in Deinem Leben hast Du für Dich entschieden!

Du magst denken, dass Du auch entstanden wärst, wenn eine andere Samenzelle Deines Vaters ein Ei befruchtet hätte, doch das stimmt nicht! Jede Samenzelle ist einzigartig. Wenn eine andere Samenzelle zuerst am Ziel gewesen wäre, dann wärst Du nicht entstanden.

Egal, was Du von Dir selbst hältst und egal, was andere Menschen Dir versuchen einzureden: Du BIST ein Gewinner, daran gibt es überhaupt keinen Zweifel! In der Zwischenzeit magst Du selbst denken, dass Du schwach bist, vielleicht antriebslos oder auch traurig und unglücklich — doch in Dir steckt noch immer dieser Sieger, dieser Gewinner! Du musst ihn nur wieder entdecken und herauslassen!

In vielen Gesprächen mit den verschiedensten Menschen und mit Teilnehmern von Seminaren konnte ich immer wieder feststellen: Es ist möglich, diesen Sieger, diesen Gewinner wieder hervorzulocken und neues Leben einzuhauchen.

Genau dieses Ziel möchte ich mit Dir zusammen erreichen. Es wird das Ziel sein, Dir wieder das Selbstbewusstsein zu geben, das einem Gewinner gebührt! Doch es gehört eine Menge Vorbereitung dazu, eine Menge Training und vor allem Dein Entschluss, es anzupacken! Dazu möchte ich Dich ermuntern, denn ich WEISS, dass Du ein Gewinner bist!

Auch Dir ist sehr viel mehr möglich, als Du wahrscheinlich von Dir selbst glaubst. Und auch das ist ein Schlüssel zu mehr Selbstbewusstsein: der Glaube an Dich selbst!

Glauben in meiner Definition hat nichts mit religiösen Vorstellungen zu tun, sondern mit dem, was Du über Dich und die Welt denkst. Glauben an sich hat nichts Mysteriöses oder Religiöses. Der Glaube ist jedoch die wahrscheinlich stärkste Kraft, die wir in uns haben können! Der Glaube versetzt Berge, heißt es — und das stimmt auch! Nur durch Glauben können wir Großes erreichen oder erschaffen! Nur wenn wir fest an etwas glauben, dann kann etwas entstehen, denn sonst würden wir es gar nicht erst in Angriff nehmen.

Die Kirchen haben die Macht des Glaubens schon von frühester Menschheitsgeschichte erkannt und gefördert. Sie projizierten diesen Glauben jedoch auf eine schöpferische Macht, ein höher stehendes Wesen, auf einen Gott! Ich kann mir sehr gut vorstellen, wieso in den Köpfen dieser ersten »Gläubigen« so ein Gedanke entstehen konnte. Die damaligen Menschen waren mit den Abläufen in unserem Gehirn nicht vertraut, es gab keine modernen Untersuchungsmethoden und die Psychologie gab es auch noch nicht. So verstanden diese Menschen diesen Vorgang nicht und vermuteten daher, es müsste ein höheres Wesen geben, das für die erreichten Ziele verantwortlich war. So entwickelte sich im Laufe der Jahrtausende eine feste Institution: die Religion.

Ich weiß nicht, ob es tatsächlich einen Gott gibt oder nicht — und wie bereits gesagt, hat dieses Buch überhaupt nichts mit irgendeiner Religion oder Weltanschauung zu tun. Doch wenn es einen Gott gibt, dann hat er uns die größten Geschenke überhaupt gemacht: den freien Willen, die Vorstellungskraft und den Glauben alles zu erreichen, was man sich erträumen kann!

Erst der Glaube daran, etwas wirklich zu schaffen, hat es uns Menschen überhaupt erst möglich gemacht, eine Zivilisation aufzubauen. Am Anfang jeden Vorhabens steht zunächst die Idee, also die Vorstellung von etwas, und dann der Glaube, diese Idee auch erfolgreich umzusetzen!

Die Geschichte ist von frühesten Zeiten bis heute voll von solchen Ereignissen, solchen Ideen. Wenn ein Haus gebaut wird, dann hat zuerst einmal ein Mensch eine Idee, eine Vorstellung, davon. Er malt sich im Geiste aus, wie es einmal aussehen soll. Dann bringt er diese Idee zu Papier. Jetzt beginnt die Planung für die Entstehung dieses Hauses, weil der „Denker" fest davon überzeugt ist, also fest daran glaubt, dass dieses Vorhaben auch realisiert werden kann. Schließlich ist das Haus fertig und alle können diese Idee sehen.

Solch ein Prozess kann auf alle anderen Erfindungen und Ideen angewandt werden — es ist immer und immer wieder der gleiche Prozess: Am Anfang steht immer die Idee und der Glaube daran, diese Idee auch umzusetzen!

Stehen diese Ideen und Planungen und der Glaube daran, sie in die Tat umsetzen zu können, nur ausgewählten Menschen zur Verfügung? Einer Elite von Menschen vielleicht? NEIN! JEDER Mensch hat diese Gaben! Der eine vielleicht in Bezug auf Häuser, ein anderer auf Maschinen, einer in der Kunst und der nächste in der Musik oder vielleicht im Sport — das hängt von den Interessen jedes einzelnen ab. Doch ALLE Menschen tragen die Vorstellungskraft und auch die Fähigkeit zum Glauben in sich!

Jedoch muss auch der Glaube in die eigenen Fähigkeiten trainiert werden — und oft wird dieser Glaube wissentlich oder unwissentlich von wohlmeinenden Personen in unserer Umgebung beeinträchtigt. Er kommt uns vielleicht irgendwo in unserem Leben abhanden und Zweifel nähren sich. An die Stelle des Glaubens tritt der Zweifel.

Wie kommt so etwas? Wie entsteht so ein Abwärtstrend? Das zu erkennen hilft uns auch zu verstehen, wie wir diesen Trend brechen und umkehren können. Es hilft uns, die zugrunde liegenden Gesetzmäßigkeiten und Regeln zu erkennen und für einen Aufwärtstrend im Leben zu nutzen.

Zweifel entsteht, wenn Glaube fehlt. Kinder kennen keine Zweifel, sie kennen nur Optimismus und halten an ihren Zielen fest. Wenn ein Kind das Laufen lernt, hört es nicht auf damit, nur weil es ein paar Mal hingefallen ist. Es steht wieder auf und probiert es erneut —, und zwar so lange, bis es klappt. Warum ist das bei uns so anders geworden?

Unser Unterbewusstsein gibt uns das so vor. Wie wir schon gesehen haben, speichert es alle Erlebnisse und so entsteht ein Verhaltensmuster. Es schützt uns vor weiteren unliebsamen Gefahren und soll uns auch vor emotionalen Enttäuschungen schützen.

Wenn einem Kind immer und immer wieder eingeredet wird, dass es etwas Bestimmtes nicht kann, dann mag es das auch glauben. Wenn es nun diese Sache trotzdem probiert und das nicht klappt, dann wird dieser

Glaube bestärkt, dass es das nicht kann. Dieser Prozess wird im Laufe des Lebens immer und immer stärker.

Wenn Du ständig hörst: »das schaffst Du nie!«, dann wird das Deine Kraft und Energie rauben. Probierst Du das dann trotzdem, gehst Du wahrscheinlich nicht mehr mit dem Engagement und der Kraft an die Sache heran, die Du haben könntest. Du investierst weniger Kraft, weil Du bereits zweifelst. Wenn Du mit weniger Kraft dieses Projekt anfasst, wird die Wahrscheinlichkeit immer größer, dass es scheitert. Wenn es dann tatsächlich scheitert, dann wird dadurch nur bestätigt, dass Du es nicht schaffen konntest — und oft wirst Du dann den elendigen Satz hören: »ich habe es Dir doch gleich gesagt«! Dieser Satz, die Kritik nach einem gescheiterten Projekt, verstärken noch mehr Deinen Glauben: »Ich kann das nicht!« Solltest Du nun noch einmal versuchen, ein ähnliches Projekt zu starten, wirst Du noch weniger Energie darin einsetzen — und Du wirst noch schneller die Bestätigung erhalten, dass Du es einfach nicht kannst!

Diese Negativspirale zu durchbrechen ist schwierig, doch ist es möglich! Denn die gleichen Gesetzmäßigkeiten, die ein Projekt scheitern lassen, gelten auch im umgekehrten Fall!

So fällt es Dir, um Längen leichter ein Projekt zu starten, von dem Du fest überzeugt bist, es zu schaffen. Hier ist ein Motor in Dir am Laufen, der Dich Deinem Ziel näher bringt und Dir die Kraft dafür gibt, dieses Ziel zu erreichen! Dieser Motor ist Dein Glaube! Wird dieses Projekt nun erfolgreich umgesetzt, erhältst Du die Bestätigung: »Ja, ich kann das!« Und bei weiteren ähnlichen Projekten fällt es Dir dann immer einfacher, diese erfolgreich zu gestalten.

Der Unterschied zwischen Erfolg und Scheitern ist einfach: Es ist Dein GLAUBE daran, es zu schaffen! Der Glaube wird Dir die notwendige Kraft verleihen, das Projekt zum Erfolg zu führen. Es ist daher so wichtig, Deinen Glauben an Dich selbst und Deine Fähigkeiten wieder herzustellen! Das ist das Geheimnis, Dich selbst bewusst wahrzunehmen, Dir Deiner Stärken bewusst zu werden und darauf zu vertrauen! Der Glaube an Dich selbst macht Dich selbstbewusst: Du nimmst Dich selbst als Menschen wahr!

Lass Zweiflern keinen Raum: Stell Deine Ohren auf »Durchzug«, wenn Dir mal wieder jemand sagen will, dass Du etwas nicht kannst! Erinnere Dich an Erfolge, die Du bereits hattest. Erinnere Dich an Gegebenheiten, die Dich stolz und glücklich gemacht haben! Erinnere Dich daran, dass Du ein Gewinner, ein Sieger bist!

Wenn Du irgendein Vorhaben anfängst, dann bereite Dich gut darauf vor. Informiere Dich darüber, was Du alles dafür brauchst — schaffe Dir mit guter Vorbereitung die Grundlage für Deinen Erfolg! Und dann: Stell Dir im Geiste vor, wie Du Dich fühlst, wenn dieses Projekt erfolgreich verläuft. Stell Dir vor, wie Du stolz auf Dich sein kannst, es geschafft zu haben. Stell Dir vor, dass Du gar nicht anders kannst, als es erfolgreich zu beenden. Durch Deine Vorstellung schaffst Du Dir die Grundlage für Deinen Glauben! Es gibt keinen Zweifel, es gibt nur das Ziel! Dann gehe dieses Vorhaben an, mit dem Bewusstsein, dass es nur noch Zeit braucht, denn in Deinem Geist, in Deiner Vorstellungskraft ist es ja schon geschafft — es muss nur noch diesen kleinen Schritt geben, dass die Welt dies auch erkennen kann!

Es gibt sehr viele Beispiele von Menschen, die einen solchen Glauben hatten und damit alle Zweifler und Skeptiker in ihre Schranken gewiesen haben. Dazu fällt mir immer wieder ein schöner Satz einer meiner Mentoren ein: Träumern wurde schon oft ein Denkmal gebaut, Zweiflern dagegen nie! Träume Deinen Erfolg, stell ihn Dir ganz plastisch vor — so als ob er schon längst eingetreten wäre und dann gehe das Projekt an!

Walt Disney war einer dieser Menschen, die ihren Zweiflern entgegentreten sind und ihren Traum erfüllt haben. Er hatte den Traum von einem großen Vergnügungspark —, und zwar gerade in einer Zeit, als die bestehenden Parks ums Überleben kämpfen mussten. So ging er mit seiner Idee, mit seiner Vision, von Bank zu Bank, um Geld für sein Vorhaben zu erhalten. Doch überall wurde er abgelehnt. Die Menschen teilten seinen Glauben nicht, konnten sich nicht vorstellen, dass solch ein Projekt erfolgreich sein konnte. Gab Walt Disney auf? Nein! Er ging so lange von Bank zu Bank, bis er sein Projekt finanziert bekam. Und was wurde daraus? Das Disneyland wurde der bis dahin erfolgreichste Vergnügungspark der Welt! Walt Disney plante danach einen noch größeren Park und seine Kritiker waren wieder da! Doch auch daraus machte er sich nichts — er ging seinen Weg. Als Disneyworld eröffnet wurde, war Walt Disney bereits gestorben und sein Bruder führte die Geschäfte weiter. Zur Eröffnung meinte ein Reporter, dass es schade wäre, dass Walt Disney diesen Park nie sehen könnte. Roy antwortete ihm: »Er hat ihn schon gesehen, bevor ihn irgendein anderer sehen konnte!«

Ich ermuntere Dich, Dir die Biografien von solchen Menschen zu besorgen und zu lesen! Es ist höchst erstaunlich, mit welchen Schicksalsschlägen diese Menschen oft zu kämpfen hatten und trotzdem so erfolgreich wurden! Und auch Du kannst das!

Einer Deiner Schlüssel zu Deinem neuen Selbstbewusstsein ist also Dein Glaube! Ich glaube an Dich! Du bist ein Gewinner!

DEINE ERSTEN SCHRITTE

Ich sagte es Dir schon: Deine Reise zu mehr Selbstbewusstsein hat gerade erst angefangen. Doch auch die längste und schwerste Reise beginnt mit dem ersten Schritt. Kapituliere nicht vor der Aufgabe, die vor Dir liegt, sondern geh einfach Schritt für Schritt weiter — und auf dem Weg zu Deinem Ziel genieße einfach die Umgebung, die Dich dahin führt.

An dieser Stelle möchte ich Dir schon mal die erste Übung näher bringen und Dich bitten, diese auch auszuführen. Nimm Dir Zeit dafür. Mach diese Übungen nicht, wenn Du unter Zeitdruck stehst. Konzentriere Dich voll und ganz darauf. Ein Tipp: Nutze entspannende Musik und schalte Radio und Fernseher aus und Dein Handy mindestens auf lautlos. Atme einige Male ganz bewusst und tief ein und aus und lass dabei Deine Anspannungen los. Wenn Du noch angespannt und ruhelos sein solltest, schau, dass Du einige weitere Entspannungsübungen machst, bevor Du Dich den Übungen widmest.

Das wichtigste jedoch ist: Sei ehrlich zu Dir selbst! Wenn Du nicht ehrlich zu Dir selbst bist, kannst Du wohl kaum erwarten, dass man Dich ehrlich behandelt. Das ist bereits ein wichtiger Grundsatz, den Du Dir merken solltest: Egal was passiert, egal was andere über Dich denken, egal wie Du Dich fühlst — sei immer ehrlich zu Dir selbst!

Die erste Übung soll aufzeigen, was Dich zurzeit behindert. Es ist mehr als wahrscheinlich, dass Du nicht so viel Energie hast, wie Du haben könntest. Der Grund dafür ist, dass es immer und überall Energie-Räuber gibt. Fühlst Du Dich öfter mal überfordert und schwach? Denkst Du vielleicht des Öfteren, dass alle etwas von Dir wollen und Du kaum Zeit zum Luft holen bekommst? Fühlst Du Dich kraftlos und leer? Das sind alles Anzeichen dafür, dass Energie-Räuber sich an Dir bedienen. Du musst Dir diese Energie-Räuber bewusst machen, damit Du Energie zurückerhalten kannst, dass Du die Kraft findest, etwas für Dich selbst zu tun. Du wirst diese Energie brauchen, um Deinen Weg zu mehr Selbstbewusstsein und einem erfüllteren, zufriedeneren und glücklicheren Leben erfolgreich zu beschreiten.

Bitte benutze die Vorlage »Energie-Räuber« und schreibe alles auf, was Dir Kraft raubt. Sei ehrlich zu Dir selbst und mache die Übung gewissenhaft und konzentriert. Wenn Du weißt, was Dir die Kraft raubt, dann kannst Du auch dagegen vorgehen. Nimm Dir die Zeit, die Du für diese Übung brauchst und höre erst auf, wenn Du Dir das Ergebnis durchgelesen hast und damit zufrieden bist. Benutze weitere Zettel, wenn der Platz nicht ausreichen sollte. Nun schreibst Du Deinen Namen und das Datum oben auf den Zettel und legst ihn an die Seite.

Deine Energie-Räuber kennst Du jetzt. Es wird Zeit, sich intensiver mit Dir und Deiner Persönlichkeit zu beschäftigen — mit dem, wer Du bist, und wer Du gerne sein würdest.

Es ist wichtig, sich damit zu beschäftigen, denn die Übungen in diesem Kapitel werden der Grundstein für Dein Trainingsprogramm sein — der Grundstein zu mehr Selbstbewusstsein und zu mehr Glück. Deshalb die dringende Bitte: Glaube mir und mache die Übungen und Tests. Und führe diese aus, wenn ich es Dir sage. Glaube mir: Es bringt Dir nicht viel, einfach nur dieses Buch zu lesen — Du musst auch etwas tun.

Handeln kommt von dem Wort »Hand«, also eine Tätigkeit, denn sonst müsste es ja wohl »maulen« heißen, nicht wahr? Nur darüber lesen und reden bringt nicht viel — und führt auch nicht zu großen Veränderungen. Dies sehen wir an den Debatten in der Politik. Nur Taten führen zu Veränderungen!

Zurück zur nächsten Übung: Bitte schreib mal Deinen Ist-Zustand auf. Denke über Dich ausführlich nach und schreibe auf, wie Du Dich im Moment selbst siehst. Es spielt dabei keine Rolle, was Dir andere Menschen sagen, wie Du wärst. Schreibe nur das auf, von dem Du selbst meinst, dass es richtig ist. Schreibe Deine Stärken und Deine Fehler auf. Beschreibe einfach, wie Du Dich in den größten Teilen auf den verschiedensten Bereichen siehst. Benutze dafür einfach die Vorlage »Ist-Zustand«, die Du, wie alle anderen Vorlagen auch, von meiner Webseite kostenlos downloaden kannst. Drucke sie Dir aus und benutze weitere Blätter, falls diese nicht ausreichen sollten. Wenn Du Schwierigkeiten mit der Übung hast, dann benutze einfach einen Spiegel. Setze Dich davor und schreibe auf, was Du von diesem Menschen hältst, der da aus dem Spiegel schaut.

Lese erst weiter, wenn Du diese Übung beendet hast!

Gibt es Punkte, die Du gerne verändern möchtest? Wenn es eine gute Fee gäbe, die Dir jeden Wunsch erfüllen könnte: Was würdest Du an Dir ändern? Was soll verbessert werden, welche Fehler möchtest Du in Zukunft nicht mehr machen? Es gibt keine gute Fee? Doch, die gibt es! Sie heißt nur nicht »Fee«, sondern Unterbewusstsein. Erinnerst Du Dich daran, wie ich geschrieben habe, unser Unterbewusstsein kann unser ärgster Feind und auch unser größter Freund sein? Fangen wir langsam an, Dein Unterbewusstsein zu Deinem größten Freund zu machen — Du wirst staunen, was Dir damit alles möglich sein wird! Gehen wir zusammen die ersten Schritte. Du kennst nun Deinen Ist-Zustand? Falls nicht, MACH DIE ÜBUNG!

Der zweite Teil der Übung ist, dass Du nun alles aufschreibst, was sich ändern soll. Hab Mut und trau Dir was zu. Was würdest Du Dir wünschen, wie Dein Leben aussehen soll? Was für ein Mensch wärst Du gerne? Was hättest Du gerne, was Deine Umwelt von Dir denkt? Wie wäre Dein Ideal-Zustand?

Auch hierzu habe ich eine Vorlage beigefügt: der »Soll-Zustand«. Benutze auch hier wieder weitere Blätter, falls Du mit der Vorlage allein nicht auskommst. Bitte mache auch erst wieder diese Übung und lese erst dann weiter. Du weißt jetzt, wie Du Dich siehst und auch, wie Du gerne sein würdest. Ist der Unterschied groß? Oder sind es nur Kleinigkeiten, die Du gerne verändern würdest? Egal wie groß oder klein die Veränderungen ausfallen sollen — in diesem Schritt ist es erst einmal wichtig gewesen, dass Du Dich mit Dir selbst beschäftigt und Dir Gedanken über Dich gemacht hast.

Wann hast Du das zum letzten Mal gemacht? Wann hast Du jemals über Dich und Dein Leben so intensiv nachgedacht? Beschrifte nun bitte beide Zettel mit Deinem Namen und dem Datum, an dem Du diese Übung gemacht hast und lege sie gut weg, vielleicht in einem schönen Ordner, denn Du brauchst sie im Laufe der Zeit noch öfter. Solltest Du wider Erwarten die Übungen doch noch nicht gemacht haben, weil Du einfach nur weiter lesen wolltest: Mache sie — es ist wirklich wichtig! Du tust das nicht für mich, sondern für den wichtigsten Menschen in Deinem Leben — für Dich!

Es ist wichtig, dass Du Dich mit Dir selbst beschäftigst, denn schließlich ist es Dein Leben, um das es geht. Klingt das jetzt etwas zu dramatisch? Vielleicht. Doch nur wenn es Dir gut geht, wenn Du glücklich bist und wenn Du Dich liebst, kannst Du diese Eigenschaften auch an andere weitergeben!

In unserem Sprachgebrauch sagt man oft: »Eigenlob stinkt!« Doch warum? Weil ANDERE meinen, man wäre überheblich oder arrogant. Das Motto für Dein Leben sollte lauten: »Eigenlob STIMMT!«

Natürlich ist man nicht gerne mit Menschen zusammen, die stets und ständig nur über ihre Leistungen, Stellung oder über das sprechen, was sie wirklich gut können. Und ich will damit auch nicht sagen, dass Du allen auf die Nase binden solltest, was für ein toller Hecht Du bist. Es geht einzig und allein darum, dass Du eine tiefe Liebe, Achtung, Respekt und auch Stolz für Dich selbst empfindest.

Wie kannst Du erwarten, dass man Dich liebt, wenn Du Dich selbst nicht ausstehen kannst? Wie kannst Du erwarten, dass man Dir Respekt entgegenbringt, wenn Du Dich nicht selbst respektierst? Wie kannst Du erwarten, dass man Dich für etwas lobt, wenn Du Dich nicht selbst loben kannst?

Mache alles in Deinem Leben so, dass Du Dir selbst in die Augen sehen kannst und dabei sagst: »Das hast Du gut gemacht!«

Eines der größten Hindernisse zu einer freien, selbstbewussten Persönlichkeit ist der Umstand, dass Du in Deinen eigenen Augen Dich dafür zu »unwürdig« findest. Diese Haltung solltest Du ab sofort über Bord werfen. Fang an, Dich selbst zu lieben! Schau in den Spiegel und sage: »DU bist ein toller Mensch! Ich bin stolz darauf, Dich zu kennen! Du bist wertvoll und wichtig für mich!« Und das meine ich wörtlich!

Wie gesagt, es geht nicht darum, arrogant und überheblich zu wirken — es geht auch nicht darum, sich selbst zu wichtig zu nehmen. Es geht darum, dass Du Dich selbst annimmst und sagst: »Ich bin OK, so wie ich bin!«

Denke einmal ein paar Minuten über Dich nach. Finde Gründe dafür, warum Du es wert bist, von anderen geliebt zu werden — und dann machst Du die nächste Übung.

Hierfür brauchst Du wieder Zeit und den Vordruck »Ich liebe mich«. Mache diese Aufgabe gründlich und höre mit der Übung nicht eher auf, bis Du nicht mindestens 25 Gründe dafür gefunden hast, warum Du Dich liebst. Wenn Du mehr findest, kein Problem. Höre nur nicht auf, bevor Du diese 25 Gründe gefunden hast. Vielen von meinen Lesern und Seminarteilnehmern fällt es am Anfang unendlich schwer, diese Übung durchzuführen — das ging mir damals auch nicht anders. Es dauert vielleicht 10 Minuten und es kann sein, dass Dir in dieser Zeit nicht ein einziger Grund einfällt. Auf Seminaren haben die Teilnehmer für eine solche Übung oft 30 Minuten Zeit und im Anschluss daran gibt es normalerweise noch eine Pause von 15 Minuten — es kommt nicht selten vor, dass auch diese noch für diese Übung gebraucht wird.

Du hast nun alle Zeit der Welt — lass Dich nicht beirren und denke weiter darüber nach. Denke nicht unbedingt an große Dinge, sondern auch an Kleinigkeiten. Wenn Du die ersten Gründe gefunden hast, und Dein Bewusstsein darauf konzentriert ist, dann werden Dir auch weitere Gründe einfallen, warum Du Dich lieben kannst. Gib nicht auf! Du musst Dich einfach lieben, denn Du bist der Mensch, mit dem Du Dein ganzes Leben verbringen wirst. Du bist der Mensch, dem Du immer am nächsten stehen wirst.

Hast Du die 25 Gründe gefunden? Sehr gut. Fiel es Dir schwer? Lege jetzt auch diesen Zettel an die Seite und schreibe das Datum darüber. Auch dies wirst Du in Zukunft immer mal wieder brauchen.

Wie geht es Dir jetzt? Aufgeregt? Erschöpft? Neugierig, wie es weitergeht?

Schalte nun erst einmal ein wenig ab. Mache ein Lesezeichen an diese Stelle und lege das Buch an die Seite. Ruhe Dich einfach ein wenig aus — Du hast Dir diese Pause jetzt redlich verdient!

Wenn Du jetzt noch voller Tatendrang bist, und Dir keine Pause gönnen willst, dann mache einfach diese kleine Übung: Mache die Augen zu und rolle vier bis fünf Mal mit dem Kopf. Dann öffne die Augen und steh auf. Wackle vier bis fünf Mal mit dem Kopf, dann stelle Dich ein paar Sekunden auf ein Bein und anschließend ein paar Sekunden auf das andere Bein. Warum Du das tun sollst? Dein Gehirn ist noch voll und ganz auf die letzte Übung programmiert und das stört bei der Aufnahme von neuen Informationen. Durch diese Übung verändern wir also sozusagen das Programm. Du kannst alternativ auch einige Lockerungsübungen machen.

Hast Du Dich etwas erholt? Die nächste Übung wartet schon auf Dich und sie steht in direktem Zusammenhang mit der letzten Übung, denn nun geht es um: »Ich liebe mich — Teil 2«.

Du hast die 25 Gründe gefunden, warum Du Dich liebst. Jetzt wollen wir diese Gründe noch etwas vertiefen. Auch hier solltest Du die Übung jetzt sofort machen — und es gilt: Hör nicht auf, bevor Du die Übung beendet hast! Ich möchte, dass Du die Gründe dafür, dass Du Dich liebst, vertiefst. Durch diese Maßnahme befestigen wir das positive »Ich liebe mich«-Programm in Deinem Unterbewusstsein. Wir programmieren also Deinen Autopiloten neu! Und das geht nur — Du ahnst es sicher schon — Übung, Training und Wiederholung. Schreibe Dir also jetzt die fünf wichtigsten Gründe dafür, warum Du Dich liebst, auf und begründe diese mit jeweils fünf Argumenten. Finde gute Gründe dafür, warum diese Aussagen wahr sind. Gründe, die Du Dir selbst auch glaubst. Auch diese Übung ist schwer, sollte Dir trotzdem nun nicht mehr zu schwerfallen, da Du Dich nun schon einige Zeit mit diesem Thema beschäftigt hast. Gehe gründlich und konzentriert zu Werke und nimm auch diese Übung nicht auf die leichte Schulter.

Hast Du inzwischen genügend Begründungen dafür gefunden, warum Du es WERT bist, geliebt zu werden? Glaube mir, Du bist es WERT! In meinen ganzen Gesprächen und Seminaren ist mir noch kein Mensch begegnet, der es nicht wert gewesen wäre! Jeder Mensch hat Eigenschaften, die ihn liebenswert machen — er muss sich ihnen nur bewusst werden! Werde Dich Deiner selbst bewusst!

Führe Dir diese positiven Eigenschaften, die Du an Dir liebst, jeden Tag vor Augen! Vergesse sie nie! Solltest Du irgendwann einmal melancholisch, traurig, niedergeschlagen oder sogar depressiv sein, oder Dich klein, schwach oder wertlos fühlst, dann hole diese Zettel wieder hervor und lies sie noch einmal durch. Wenn Du im Laufe der Zeit mehr positive Eigenschaften an Dir entdeckst und auch Begründungen dafür, dann nimm Dir diese Zettel wieder und ergänze sie. Es ist Balsam für Deine Seele und vor allem, Du weißt, dass es stimmt! Du weißt, dass Du ein liebenswerter und liebenswürdiger Mensch bist — DAS kann Dir keiner nehmen! Und jedes Mal, wenn Dir jemand etwas anderes einreden sollte, dann nimm Dir diese Zettel und lese sie noch einmal durch! Lass Dir diesen Schatz von niemandem kaputt reden oder belächeln! Du bist wertvoll! Wenn Du es nicht bereits getan hast, dann solltest Du Dir eine hübsche Mappe anlegen, in die Du diese ganzen Zettel legen kannst. Lege diese Mappe an einen Ort, wo Du sie schnell greifen kannst, damit Du Ergänzungen eintragen und Deine Übungen machen kannst.

Du hast Dir nun die Basis für Dein tägliches Training geschaffen. Darauf werden wir in Zukunft aufbauen. Die ersten Schritte Deiner Reise sind getan — bauen wir also darauf auf und gehen weiter!

DEIN TÄGLICHES TRAININGSPROGRAMM

Als ich darüber geschrieben habe, dass Lernen aus Training und Wiederholung besteht, wirst Du Dir sicher schon gedacht haben, dass auch das Training des Selbstbewusstseins nicht über Nacht geschieht. Daher wird es Dich auch jetzt nicht verwundern, dass ich über tägliche Übungen sprechen werde. Es wird Dir nicht erspart bleiben, täglich etwas für Dich selbst zu tun, wenn Du nicht nur ein Strohfeuer in Dir entzünden willst, sondern eine ständig brennende Flamme. Du hast es selbst in der Hand: Willst Du nur einen kurzen Schub oder wirklich etwas verändern?

Wenn Du etwas verändern willst, dann wirst Du dieses Trainingsprogramm wirklich voll »durchziehen«. Allerdings kann ich Dir als Belohnung dafür schon jetzt versprechen, dass Du dann in den nächsten vier bis acht Wochen große Veränderungen an Dir selbst bemerken wirst — und auch Deine Umwelt wird Dich anders wahrnehmen. Also gehe diese Reise und genieße jeden Tag und jeden Teil davon.

Am Anfang sprach ich bereits darüber, dass das, was andere sagen, einen großen Einfluss auf Dich und Dein Bewusstsein und damit auch auf Dein Unterbewusstsein hat. Das gesprochene Wort ist wahrlich eines der wichtigsten Dinge, die unser Leben und unser Verhalten prägen.

Ich weiß nicht, ob Du jemals die Bibel gelesen hast. In der Schöpfungsgeschichte heißt es: »Am Anfang war das Wort« — der Anfang der Schöpfung beruht laut Bibel also auf gesprochener Sprache! Interessant, nicht wahr? Auch interessant, wie es weitergeht: »Da SPRACH Gott, es werde Licht und es WURDE Licht.« Die Macht des gesprochenen Wortes haben die Bibelschreiber schon erkannt — und es ist bereits viel länger bekannt, wie die alten Kulturen der Mesopotamier und Ägypter beweisen: In frühester Zeit beruhte die Macht der Herrscher über ihre Untergebenen (die ja oft Sklaven-gleich gehalten wurden) auf der Sprache! Wahrlich ein mächtiges Instrument!

Dabei kommt es weniger darauf an, »Wer« etwas sagt, sondern viel mehr »Wie« und »Was« gesagt wird. Besonders auf das

»Wie« kommt es an. Wie etwas gesagt wird, hat tatsächlich den größten Einfluss darauf, was bei uns passiert. Wenn uns jemand mit großen Worten umschmeichelt, und die Klangfarbe der Stimme nicht dazu passt, dann merken wir sofort, dass das nicht so gemeint ist, wie es gesagt wurde.

Noch intensiver ist es, wenn wir mit jemandem sprechen, der unsere Sprache nicht spricht. Dieser kann nur anhand des »Wie« erkennen, ob etwas freundlich oder unfreundlich gemeint ist, ob man ihm etwas Gutes tun will oder feindlich gesonnen ist.

Spricht man beispielsweise mit einem Baby, dann kannst Du es auf übelste Weise beleidigen und es wird Dich freundlich anstrahlen, wenn Du es auf einfühlsame und liebevolle Weise sagst. Umgekehrt wird es anfangen zu weinen, wenn Du versuchst, ihm zu sagen, dass Du es liebst, und dies mit einer harten und gefühllosen Stimme tust.

Du kannst an diesen Beispielen sehen, dass die Stimme einen großen Einfluss auf uns hat. Wir werden für unsere Übungen auch dieses Instrument nutzen, und zwar mit der wichtigsten Stimme und der wichtigsten Meinung überhaupt — mit Deiner! Glaubst Du alles, was man Dir sagt? Wohl nicht.

Doch auf Dich selbst solltest Du immer hören!

Für Deine täglichen Übungen benutzen wir noch ein weiteres Element: Deine Augen! Das, was wir sehen, nimmt ebenfalls einen erheblichen Einfluss auf unser Leben, Bewusstsein und Verhalten. Wir Menschen haben erkannt, dass auch ohne Sprache Informationen zu uns gelangen. Gemeint ist die sogenannte Körpersprache. Auch wenn unser Gegenüber nichts sagt, so erkennen wir doch oft instinktiv, ob es ihm gut geht oder nicht. Jemand, der aufrecht geht, die Schultern zurück hat, den Kopf oben trägt und tief und ruhig atmet, fällt uns als zuversichtlicher Mensch auf. Lächelt er dabei noch zufrieden, werden wir wohl (meist richtigerweise) annehmen, dass er glücklich und gut gelaunt ist.

Sehen wir einen Menschen, der mit hängenden Schultern, gebückt und mit Mundwinkeln bis zum Boden herumläuft, werden wir wohl kaum annehmen, dass es ihm gut geht. So nehmen wir unsere Umwelt wahr und so nimmt unsere Umwelt auch uns wahr.

Wir lassen uns von dem, was wir sehen, immer beeinflussen. Selbst wenn es Dir nicht gut geht und Du kommst in einen Raum voller glücklicher und gut gelaunter Menschen, so kannst Du gar nicht anders: Deine Laune wird sich davon anstecken lassen und Du wirst auch fröhlicher! Wenn jemand gähnt, der uns wenigstens ein bisschen sympathisch ist, werden wir uns auch davon anstecken lassen und mit gähnen. Wenn wir ein herzliches Lächeln sehen, steckt uns das ebenso an!

Diese Körpersprache geht sogar noch viel weiter: Sie beeinflusst Dein Unterbewusstsein sogar, wenn Du Dich selbst so verhältst! Hängen Deine Schultern, Dein Kopf auf der Brust, und Du atmest flach, dann wird Dein Unterbewusstsein das als Schwäche auslegen. Machst Du das ständig, suggerierst Du Deinem Unterbewusstsein, dass Du ein schwacher und trauriger Mensch bist! Erinnere Dich: Dein Unterbewusstsein wertet nicht — es verarbeitet nur das, was es erlebt und »sieht«. Wenn Du kraftvoll und erhobenen Hauptes durch die Welt gehst, trainierst Du allein dadurch Dein Unterbewusstsein, denn es sieht Dich als starken, fröhlichen, glücklichen Menschen.

Diese beiden Erkenntnisse werden wir uns zu Nutzen machen und in unser tägliches Trainingsprogramm einbauen. Du findest es übrigens auch noch mal als Vorlage. Diese Seite solltest Du auch ausdrucken, damit Du eine tägliche Checkliste hast. Schreibe immer das Datum darauf, dann hast Du eine gute Kontrolle über Dich selbst. Du kannst gerne auch noch weitere Übungen ausführen und Dir Notizen dazu machen — all das wird Dir gerade am Anfang helfen, die Übungen regelmäßig zu machen, bis sie zu einer täglichen Selbstverständlichkeit geworden sind. Denn auch Training muss man sich antrainieren. Also: Mache diese Übungen TÄGLICH, es wird Dir helfen, dass Du es wirklich auf Dauer machst und Dich nicht jedes Mal wieder überwinden musst.

Für Deine erste tägliche Übung benötigst Du einen Spiegel und, wie immer, etwas Ruhe und Zeit. Stell Dich aufrecht vor den Spiegel (es schadet nichts, wenn es ein großer Spiegel ist, wo Du Dich ganz sehen kannst), drücke die Brust raus, ziehe die Schultern hoch und dann zurück und atme gleichmäßig tief ein und aus. Lass Dich nicht davon beirren, sollte es sich irgendwie »komisch« anfühlen. Wenn Du es nicht gewohnt bist so zu stehen, dann ist das normal. Mit der Zeit wirst Du Dich daran gewöhnen und es dann als »normal« empfinden.

Wenn Du Deine Stellung gefunden hast, schau in Dein Gesicht und schenke Dir das strahlendste Lächeln der Welt! Ziehe die Mundwinkel ganz nach oben und zeige Dir ein herzliches Lachen! Achte darauf, dass die Mundwinkel wirklich bis zu den Wangenknochen kommen. Halte diese Stellung für mindestens eine Minute! Falls Du Dich mal wirklich schlecht fühlen solltest, Du Kummer und Sorgen hast, Deine Laune total im Keller ist, dann mache es ERST RECHT! Auch hier wird Dir das völlig anormal und merkwürdig vorkommen. Du siehst Dich selbst im Spiegel lachen und denkst vielleicht, dass es nichts zu lachen gibt, also wieso lacht mein Spiegelbild mich an? Glaube mir, Du wirst nach einer Minute wissen, warum Du lachst! Nach einer Minute wird nämlich Deine Laune extrem ansteigen und Du bist wirklich fröhlich!

Warum ist das so? Nun, wir beeinflussen uns nun selbst. Dein Unterbewusstsein glaubt Dir am Anfang Dein Lächeln nicht, denn es »weiß« ja, dass es nicht so ist, und Dein Bewusstsein trägt ebenfalls dazu bei. Doch wenn Du nicht aufgibst und wirklich die Zeit mit Lächeln durchhältst, dann beginnt ein Wandel. Dein Unterbewusstsein wird sich fragen, warum Du lächelst, wenn es Dir doch nicht gut geht. Doch schon nach einigen Sekunden entscheidet es: Ich sehe, ich lächele (und da durch die Mundbewegung auch ein spezieller Nerv stimuliert wird, spürt es das auch). Ich lächele immer noch. Wenn ich immer noch lächele, dann kann das nur bedeuten, dass ich fröhlich bin! Also schaltet Dein Unterbewusstsein das Programm auf »Fröhlich« und Du bist es!

Kaum zu glauben? Ich habe es auch nicht geglaubt und bin mir dabei am Anfang ziemlich affig vorgekommen. Doch nach wenigen Sekunden war das vorbei und ich bin wirklich fröhlicher geworden. Diese Technik nutze ich immer und besonders wenn ich mal einen Tag erwische, an dem es mir nicht ganz so gut geht. Ob Du es glaubst, oder nicht: Diese Übung wird von tausenden Menschen jeden Tag durchgeführt und sie hilft! Du wirst es erleben

Bist Du erstaunt, wie einfach wir uns selbst beeinflussen können? Also ich war es — und auch sehr erfreut darüber, denn nun wusste ich, dass ich mein Leben selbst in der Hand habe und es schaffen kann, es selbst zu etwas Besserem zu gestalten. Kommen wir zur nächsten wirkungsvollen Waffe im Kampf für ein besseres Selbstbewusstsein: die Sprache. Ich sagte es bereits, dass wir durch das »Was« und »Wie« etwas gesagt wurde, beeinflusst werden. Und wie alles andere auch kann sich das sowohl positiv als auch negativ auf uns auswirken. Wir werden dieses Instrument ab jetzt zum Nützlichen für Dich anwenden.

Auch hier ist es unbedingt erforderlich, dass Du Dich zunächst durch die Spiegelübung in eine Gute-Laune-Stimmung versetzt, denn es ist sehr wichtig, dass das, was Du gleich sagen wirst, in einer überzeugenden und positiven Stimmlage gesagt wird — denn schließlich musst Du Dein Unterbewusstsein davon überzeugen, dass das, was Du sagst, auch so gemeint ist und DU davon überzeugt bist!

Wir fangen mit 10 Aussagen an, die Du jeweils 10 mal wiederholen wirst —, und zwar laut! Du musst es im Brustton der Überzeugung sagen und mit kraftvoller Stimme. Wahrscheinlich möchtest Du daher diese Übung auch lieber machen, wenn Du allein bist.

1. Ich bin ein Gewinner!

2. Ich bin glücklich und zufrieden!
3. Ich bin selbstbewusst!
4. Ich bin der (bzw. die) Beste!
5. Mir geht es super!
6. Ich bin stark!
7. Ich bin liebenswert!
8. Ich liebe mich!
9. Ich habe Kraft!
10. Es geht mir von Tag zu Tag und in allen Bereichen meines Lebens immer besser und besser!

Mache diese Übung, wann immer es möglich ist, vor einem Spiegel. Wiederhole diese Übung so oft, wie Du willst. Je öfter, umso schneller gewöhnst Du Dich daran und umso mehr Wirkung haben diese Aussagen. Wenn Du zum Beispiel einen wichtigen Termin hast, oder Du vor Leuten sprechen musst, kannst Du diese Übung machen, um Dich darauf einzustimmen.

Du kannst die Wirkung verstärken, in dem Du mit Deiner Faust kraftvoll in Deine Hand oder gegen Deine Brust schlägst — was auch immer Du bevorzugst: Nur mache diese Übung MINDESTENS ein Mal am Tag (und zwar am besten morgens)! Du wirst sehen, wie sich Deine Einstellung und Dein Lebensmut und Dein Selbstbewusstsein nach dieser Übung bereits drastisch steigern! Gerne kannst Du später diese Liste mit weiteren kraftvollen Aussagen verlängern. Achte immer darauf, dass Du das sagst, was Du meinst bzw. was Du willst! Schreibe auf, was Du wirklich sagen oder erreichen möchtest! Achte auch darauf, dass die Aussage in sich stimmig, also widerspruchsfrei, ist und unbedingt positiv!

Was meine ich damit? Nun, es ist in unserem Sprachgebrauch üblich geworden, dass man sagt: »Du darfst dies nicht, Du darfst jenes nicht.« Nur unser Gehirn kennt kein »Nein«. Für unsere Vorstellungskraft ist alles möglich. Wenn Du also sagst: »Ich bin KEIN Verlierer!«, kommt in unserem Unterbewusstsein die Botschaft an: »Ich bin EIN Verlierer!« — und das ist genau das, was wir vermeiden wollen!

Ein kleines Experiment: Bitte denke jetzt NICHT an einen rosa Löwen, der blaue Bananen frisst! AUF KEINEN FALL AN EINEN ROSA LÖWEN DENKEN, DER BLAUE BANANEN FRISST!

Woran hast Du gerade gedacht? Mit Sicherheit an einen rosa Löwen, der blaue Bananen frisst, nicht wahr?

Wenn Du also etwas Bestimmtes erreichen möchtest, dann sage es auch genau so! Wenn Du nicht willst, dass jemand auf Deinen Rasen trampelt, dann stell ein Schild hin mit der Aufschrift: »Bitte den Gehweg benutzen«, anstatt wie üblich »Betreten des Rasens verboten!« Etwas, das verboten ist, oder unmöglich erscheint, fordert unser Unterbewusstsein geradezu heraus, es doch zu tun! Unser Gehirn kann Wörter wie »kein«, »nein«, »nicht« oder Ähnliches nur schwer verarbeiten und unser Unterbewusstsein überhaupt nicht! Wenn Du also Dein Kind trösten willst, wenn es mal eine schlechte Arbeit in der Schule geschrieben hat, dann sag: »du bist schlau«, oder »du schaffst das« — anstatt wie man meistens sagt: »du bist NICHT dumm« oder »du bist doch NICHT blöd«. Das gilt natürlich auch für alle anderen Menschen in Deinem Umfeld.

Wir haben es vielleicht verlernt, Dinge so auszudrücken, wie wir es haben wollen. Es gilt oft als angesagt, die Dinge negativ auszudrücken. So streichen Lehrer oft nur die Fehler in einer Arbeit an, als zu betonen, was richtig gewesen ist. Wir achten immer mehr auf negative Dinge, als auf das, was gut und schön ist. Lerne wieder, positiv zu denken, zu reden und zu handeln!

Zurück zu Deinem Übungsprogramm:

Nach der Spiegelübung und nach dem Du Dich selbst angefeuert hast, beschäftige Dich weiter mit etwas Positivem. Lies Dir daher noch einmal die Zettel »Ich liebe mich« und »Ich liebe mich — Teil 2« durch. Das bestärkt Dich weiterhin und macht Dir Mut für den Tag!

Dein tägliches Trainingsprogramm wird abgerundet durch einen positiven Ausklang aus dem Tag. Also habe ich noch zwei kleine Übungen, die Du jeden Abend machen solltest:

Zunächst schreibe auf einen einfachen Zettel alles auf, was an diesem Tag schlecht war. Schreibe auf, was man Dir böses tun wollte, was einfach nur übel war, worüber Du Dich geärgert hast, usw. Achte nicht darauf, wie Du schreibst, ob unleserlich oder wütend oder mit Kuli, Füller oder sonst irgendeinem Stift, nimm einen alten Zettel, der vielleicht auch angerissen oder fleckig ist. Wenn Du das getan hast, dann sage zu Dir selbst: »Dies alles ist Vergangenheit. Morgen wird es besser, morgen wird ein schöner Tag!« — und dann vernichte diesen

Zettel, mit den negativen Gedanken. Zerknüll ihn, trample darauf herum, zerreiß ihn, verbrenne ihn oder wirf ihn ins Klo oder in den Müll. Hauptsache, Du hebst ihn nicht auf! Es ist vorbei! Schließe damit ab!

Anschließend beschäftige Dich wieder mit etwas Positivem, mit kraftvollen Gedanken, mit Dingen, die Dich froh stimmen.

Dazu schreibe bitte JEDEN Abend auf, was an diesem Tag schön, positiv, erfolgreich war. Schreibe außerdem auf, worauf Du an diesem Tag stolz und auch, wofür Du dankbar warst.

Finde für jeden Bereich mindestens drei bis fünf Dinge. Wenn Dir nichts einfällt, denke weiter darüber nach. Fange mit kleinen Dingen an. Vielleicht war der Tag besonders sonnig, oder Du hast schöne Blumen gesehen, oder ähnliches. Finde mindestens drei Dinge in jedem Bereich. Du kannst dafür auch die Vorlage benutzen »Was war toll, wofür bin ich dankbar«. Schreibe jeden Abend diese Gedanken auf einen Zettel und schreibe das Datum darauf.

Lege danach auch diesen Zettel in Deine Mappe, mach das Licht aus und gehe schlafen. Mache diese Übung also wirklich als allerletztes am Tag. Schau nicht noch fern danach oder lies einen Krimi!

Der Grund ist der, dass Dein Unterbewusstsein sich in der Nacht besonders mit dem beschäftigt, was Dich als Letztes beschäftigt hat! Wenn Du also selbstbewusst und ein positiv denkender Mensch werden willst, dann beschäftige Dich kurz vor dem Schlafen mit positiven Gedanken, die Dich motivieren und anspornen!

Am nächsten Morgen, gleich vor dem Aufstehen, liest Du Dir die schönen Gedanken vom Vorabend noch einmal durch.

Das ist also der Grundkurs für Dein tägliches Übungsprogramm. Gleichzeitig sind diese Techniken, die ich Dir aufgezeigt habe, ein wirklich starkes Instrument, um Dein Selbstbewusstsein, Dein Selbstwertgefühl enorm und in kurzer Zeit zu steigern. Daher meine ausdrückliche Bitte: Mache alle diese Übungen JEDEN Tag! Mache Dir diese Dinge zur Gewohnheit! Wenn Du auch sonst nichts lesen willst, keine Seminare besuchen möchtest oder sonst irgendetwas tun möchtest, um Dich weiterzuentwickeln, so tu wenigstens das! Wie gesagt: Es ist für Dich! Du tust mir damit keinen Gefallen — sondern DIR! Noch einmal zur Wiederholung: Ob Du selbstbewusster wirst oder nicht, hängt ganz allein von Dir ab. Du selbst hast es in der Hand, was Du aus Deinem Leben machst. Du kannst Dich und Dein Leben verändern — und wenn Du es nicht selbst tust, dann macht es eben Deine Umwelt!

Beschäftige Dich jeden Tag mehr mit positiven Dingen, als mit negativen. Wie Du gelernt hast, belasten negative Informationen Dein Unterbewusstsein und Deine Energie. Mach es Dir einfach und lies lieber erbauende Medien, wie z. B. Biografien von erfolgreichen Persönlichkeiten, Bücher zur Persönlichkeitsentwicklung oder ähnliches. Dazu gehören natürlich auch Hörbücher, Videos und andere Medien — achte nur bitte darauf, WOMIT Du Dein Unterbewusstsein fütterst!

Also: Nimm Dein Leben selbst in die Hand und bestimme Dein »Schicksal« selbst!

Vom Schicksal, Zufall und Problemen

SCHICKSAL

Im letzten Absatz des letzten Kapitals habe ich kurz das Wort »Schicksal« angeführt. In unserem Leben hört man immer wieder Sätze wie: »Unser Leben ist vom Schicksal geprägt«, oder: »Dieses oder jenes ist mir vorherbestimmt«. Manche sprechen auch leidvoll den Satz aus: »Das ist halt mein Schicksal«. Sicher kennst Du auch solche oder ähnliche Sätze. Damit will derjenige meistens ausdrücken, dass man eh nichts an seinem »Schicksal« ändern könne — und nimmt es als Entschuldigung für die Art, wie er sein Leben führt. Interessanterweise werden solche Sätze von Gläubigen und auch von nicht gläubigen Menschen verwendet.

Doch stimmt das wirklich? Ist unser Leben durch unsere Vorfahren, unsere Erziehung, unser Umfeld oder, wenn Du gläubig bist, durch unseren Schöpfer, »vorherbestimmt«?

Ist einem Kind das Leben eines Alkoholikers »vorherbestimmt«, nur weil es aus einer Alkoholiker-Familie stammt? Es gibt viele Beispiele dafür, dass dem nicht so ist. Es ist immer noch der eigene Wille, der unser Leben prägt und uns zu dem macht, was wir sind und was wir werden. Und es ist immer unsere eigene Entscheidung, den Weg, den wir bislang gegangen sind, zu verändern — und damit auch unser »Schicksal«.

Natürlich ist es oft einfacher, einen Weg einzuschlagen, den auch das eigene Umfeld nimmt — nur ist es auch dann bestimmt kein »Schicksal«! Es liegt noch immer an jedem selbst, sein Leben in die Hand zu nehmen und seinen eigenen Weg zu gehen.

Wäre dem nicht so, würdest Du, lieber Leser, diese Zeilen heute mit Sicherheit nicht von mir hören. Denn mein »Schicksal« wäre es gewesen, ein negativ denkender Mensch zu werden, kleinbürgerlich und voller Ängste. Doch ich habe mit Anfang zwanzig entschieden, dass ich diesen Weg nicht weitergehen will. Wenn ich (und viele andere Menschen vor Dir auch) das geschafft haben, dann kannst DU das AUCH!

Dein einziges »Schicksal« ist eigentlich nur Deine Entscheidung, ob Du den Weg des

geringsten Widerstands gehst, oder den Mut und vor allem den Willen aufbringst, Dein Leben selbst zu bestimmen!

Die Frage lautet also: Lebst Du? Oder wirst Du gelebt? Ich wünsche Dir von ganzem Herzen, dass Du Dein eigenes Leben leben wirst!

Lebe also selbst.

ZUFALL

Kommen wir zum »Zufall«. Was ist das überhaupt? Die meisten Menschen definieren »Zufall« als ein nicht vorhersagbares Ereignis. Etwas, das einem ohne eigenes Zutun passiert oder man ohne erkennbaren Grund erhält. Doch stimmt wenigstens das? Nicht unbedingt.

Wir haben schon erkannt, dass uns unser Unterbewusstsein zu bestimmten Entscheidungen führt — und nicht nur das, es führt und leitet uns auch an Orte oder lässt uns Dinge tun, die für unser Leben gut erscheinen mögen — zumindest aufgrund der gespeicherten Informationen und Erfahrungen, die wir bereits gemacht haben. Unser Unterbewusstsein hat dabei viel mehr Macht, als wir vielleicht ahnen — zum einen Macht über uns selbst, und zum anderen auch die Macht, Dinge herbeizuführen.

In diesem Sinne kann man unser Unterbewusstsein auch als einen starken Magneten sehen, der alles anzieht, was zu ihm passt. Darum ist es so wichtig, was wir an unser Unterbewusstsein heranlassen — denn es wertet ja nicht! So kann es durchaus auch dazu führen, dass es Dich zu negativen Dingen hinzieht, wenn Du Dein Unterbewusstsein immer nur mit negativen Dingen »belastest«. Sicherlich kennst Du das: Manchmal fühlt man sich vom Pech verfolgt — und das meistens dann, wenn es uns nicht so gut geht. Du hast dann vielleicht den Eindruck, es lohnt sich nicht, irgendetwas anzufangen, weil es sowieso zum Scheitern verurteilt ist. Und dann kommt es auch noch genau so! Hier kommt das Gesetz der »sich selbst erfüllenden Prophezeiung« zum Einsatz: Du denkst, Du kannst es nicht schaffen, also wendest Du weniger Energie auf — Dein Unterbewusstsein gibt Dir auch nicht mehr Kraft, denn Du hast es ja auf »Scheitern« programmiert. Das haben wir ja schon kennengelernt. Umgekehrt funktioniert dieses Phänomen auch: Wenn Du Kraft hast und ein Projekt startest, dann klappt plötzlich alles, wie am Schnürchen. Dein Unterbewusstsein gibt Dir die Kraft dafür, weil Du es auf »Schaffen« programmiert hast.

Das alles hatten wir bereits besprochen, und was ist denn nun mit diesen »Zufällen«?

Ein Beispiel, dass Du sicherlich auch schon selbst erlebt hast: Du willst Dir einen neuen Wagen kaufen. Selbstverständlich einen, den man nicht überall sieht — schließlich soll es ja etwas Besonderes sein. Dann kaufst Du Dir diesen Wagen tatsächlich — und was passiert? Plötzlich siehst Du diesen Wagen überall! Zufall? Nein! Du hast nur Dein Unterbewusstsein auf diesen Wagen programmiert und jetzt zeigt es Dir überall das Auto, das Du auch fährst. Vorher hast Du ihn einfach nur nicht wahrgenommen.

Ein weiteres Beispiel: Seitdem ich mich entschlossen habe, ein glücklicheres und vor allem selbstbewussteres Leben zu führen, lerne ich plötzlich überwiegend Menschen kennen, die selbst auch selbstbewusst und glücklich sind. Ein Zufall? Nein! Mein »Magnet« führt mich inzwischen zu Menschen, die zu mir passen, die eine ähnliche Einstellung zum Leben haben.

Noch ein Beispiel, das ich aus vielen Gesprächen kenne: Negativ denkende Menschen kennen überwiegend ebenfalls negativ denkende Menschen. Kranke Menschen haben oft auch viele ebenfalls kranke Menschen in ihrem Umfeld. Und erfolgreiche Menschen umgeben sich überwiegend auch nur mit erfolgreichen anderen Menschen. Ist das nun »Zufall« oder »Schicksal«? Nein! Es ist der innere Magnet, das Unterbewusstsein, das diese Menschen immer zu ähnlichen anderen Menschen führt! Es ist quasi ein Naturgesetz!

Was kann man jedoch dagegen tun? Einfach seine »Programmierung« ändern, seine Einstellung, seinen »Magneten« umpolen. Nichts ändert sich, es sei denn, Du änderst Dich! Das ist eine einfache, unumstößliche Wahrheit. Nun, was ich so einfach daher gesagt habe, stimmt zwar, ist in Wirklichkeit jedoch harte Arbeit. Du kannst Deinen »Magneten« umpolen, indem du jeden Tag daran arbeitest. Dieses Programm ist dafür sehr gut geeignet. Mache es also möglichst jeden Tag.

Zufall ist also nicht etwas, was einem ohne Grund widerfährt, sondern etwas, wohin uns unser Unterbewusstsein führt! Zufall ist also etwas, um mit einem meiner Mentoren zu sprechen, das einem »zufällt«! Es fällt

Dir zu. In gewisser Weise kann man also sagen, dass Dir durch einen »Zufall« das zukommt, was Dir gebührt — im Positiven, wie im Negativen! Wenn Du also das Gefühl hast, vom Pech verfolgt zu werden, dann überprüfe einmal Deine Einstellung! Ändere diese, beschäftige Dich mit positiven Dingen und es wird sich schnell wieder ändern!

Denke immer daran: Das, was Du bisher erreicht hast, das, was Du heute bist, ist nur ein Spiegel dessen, was Du bisher gedacht hast, woran Du bisher geglaubt hast, womit Du Deinen inneren »Magneten« bisher programmiert hast. Willst Du, dass sich etwas ändert, dann musst Du DICH ändern!

PROBLEME

Wir werden in unserem Leben immer wieder mit Problemen und Schwierigkeiten konfrontiert, und Probleme können Dir viel Kraft rauben — und auch viel Kraft geben.

Probleme können Kraft geben? Wie komme ich denn da drauf? Dafür ist es erst einmal wichtig, Deine Einstellung zu Problemen zu überdenken. Ist ein Problem für Dich grundsätzlich eher etwas Negatives, oder etwas Positives?

Du magst jetzt fragen: »Wie kann ein Problem etwas Positives sein« Wenn Du, wie zugegebenermaßen die meisten Menschen, so denkst, dann will ich Dir hier helfen, darüber etwas näher nachzudenken.

Ein Problem stellt Dich immer vor eine Herausforderung. Das heißt auch, dass Du an solch einem Punkt genau überlegen kannst, wie Du dieses angehst. Hier kannst Du mit positiver Energie (»Ich schaffe das!«) mit Kraft daran herangehen und kreative Lösungen finden.

Ein Problem ist immer FÜR DICH (die Silbe »pro« kennen wir ja auch als FÜR etwas) — es ist eine Aufgabe, an der Du wachsen sollst! Je mehr Probleme Du bekommst, um so mehr kannst Du wachsen! Und genau so solltest Du das sehen: Als eine Möglichkeit, Deinen Horizont zu erweitern, kreativ zu werden und einmal innezuhalten, um über Dein Leben und diese Situation nachzudenken —, um es dann mit voller Energie aus dem Weg zu räumen. Deshalb ist es um so wichtiger, dass DU dieses Problem löst.

Selbstverständlich kannst Du Dir Hilfe suchen und Ratgeber befragen. Letztlich musst Du dieses Pro-Blem selbst lösen — denn das befähigt Dich, andere Probleme ebenso selbst zu lösen und Dir positive Erfahrungen aufbauen. Löse also jedes Pro-Blem selbst!

Was ist, wenn Du mit fremden Problemen konfrontiert wirst? Zunächst einmal ist es positiv zu sehen, dass ein anderer Dich um Rat fragt und Dir seine Probleme anvertraut. Doch wie solltest Du nun damit umgehen?

Zunächst einmal ist dieses anvertraute Problem nicht Deines — und genau so musst Du das auch sehen! Du kannst demjenigen selbstverständlich helfen und einen Rat geben, dabei solltest Du NIEMALS dieses fremde Problem zu Deinem eigenen werden lassen. Mit-Gefühl zu zeigen, zeugt von Interesse an Deinem Mitmenschen. Mit-Leid ist jedoch völlig fehl am Platz! Das klingt vielleicht erst einmal etwas überheblich und kalt. Wenn Du jedoch ein fremdes Problem so dicht an Dich heranlässt, dass Du selbst darunter leidest, dann ist es übertrieben und hilft weder Dir noch demjenigen, der das Problem hat. Außerdem kannst Du wesentlich besser und rationaler helfen, wenn Du zwar Mitgefühl zeigst, gleichzeitig dennoch etwas Distanz dazu hast!

Jeder muss seine Probleme selbst lösen, das gilt für Dich — und selbstverständlich auch für Deine Mitmenschen. Wahre die Di-

stanz, denn dadurch kannst Du viel unbelas-
teter Helfen — und behältst Deine Energie
für Dein eigenes Leben!

Sei dankbar und achtsam bei Problemen!
Sehe sie als Chance, als Herausforderung zu
wachsen.

Von Zielen und Achtsamkeit

Zum Abschluss dieses Buches möchte ich noch über Ziele und Achtsamkeit sprechen. Wenn Du dieses Buch hier liest, dann ist Dein Ziel sicherlich, ein selbstbewussterer Mensch zu werden.

Viele, besonders »Erfolgs-Coaches«, raten dazu, sich Ziele zu setzen. Kurzfristige, mittelfristige und langfristige Ziele. Sie bringen Dir bei, dass Du langfristige Ziele möglichst hochstecken und dann in mittel- und kurzfristige Ziele runterbrechen sollst. Daran ist auch nichts verkehrt und ich rate Dir, das genauso zu tun.

Was dabei sehr viele Menschen vergessen, ist, achtsam zu sein. Den Weg zum Ziel zu genießen. Einmal inne zuhalten und sich Zeit zu nehmen auf das Erreichte stolz oder dafür dankbar zu sein. Viele — erfolgreiche — Menschen hetzen dabei geradezu auf ein Ziel zu und setzen sich dann direkt ein neues — um wieder darauf, mit voller Energie zuzulaufen. Ein solches Verhalten kann schnell dazu führen, dass man kraftlos wird und das

Leben als solches nicht mehr genießen kann. Wenn Du ständig von Ziel zu Ziel hetzt, dann kann das langfristig frustrieren und Dir die Freude an dem Erreichten nehmen. Ich möchte Dich daher dazu anregen, auf dem Weg zu Deinem Ziel, zwischendurch einmal anzuhalten. Zu genießen, was Du schon erreichst hast. Zu reflektieren und dankbar dafür zu sein, wie Du diesen Weg bislang gegangen bist. Und wenn Du ein Ziel — oder auch nur ein Teilziel — erreicht hast, stolz darauf zu sein. Dir Zeit zu nehmen, Dir das Erreichte wirklich zu verinnerlichen! Dieses Gefühl voll und ganz wahrzunehmen und auszukosten.

Auch hier möchte ich Dir ein kleines Beispiel geben: Ich wandere gern in den Bergen. Dabei nehme ich mir meistens einen Gipfel als Ziel vor. Tatsächlich mag ich es gar nicht, einfach ziellos zu wandern. Was ich jedoch sehr mag, und was mich sehr bereichert ist, dass ich während der Wanderung den Weg dorthin genieße. Die Natur und Gegend um mich herum bewusst wahrnehme. Die Luft rieche. Die Wärme (oder Kälte) auf meinem Körper und um mich herum spüre. Höre, was um mich herum für Geräusche und Laute sind.

Ich möchte Dich ermuntern, mit offenen Augen durch die Welt zu gehen. Alles, was um Dich herum geschieht bewusst zu erleben.

Wenn Du auf dem Weg zu Deinem Ziel, selbstbewusster zu werden, bist, dann nimm Dir regelmäßig Zeit wahrzunehmen, was sich bei Dir und in Deinem Umfeld bereits verändert hat. Dankbar und Stolz dafür zu sein, was Du schon erreicht hast!

Viel zu oft vernachlässigen wir einfach auch die kleinen Dinge, doch die sind es letztlich, die den Großteil unseres Lebens ausmachen. Lerne, auch diese Dinge zu sehen, auch mal zu akzeptieren und dankbar dafür zu sein. Spüre, zum Beispiel, einfach mal Deinen Atem. Spüre in Deinen Körper, wo Du was fühlst. Achte auf Deine Gedanken, auf Deine Emotionen.

Entschleunige in dieser vom Leistungsdruck besessenen Welt! Achte auf Dich und Dein Umfeld. Wähle Worte und Taten mit bedacht, anstatt Dich vom hektischen Treiben anstecken zu lassen.

Lebe. Bewusst. Achtsam.

Erfahre Gutes und rede darüber

Bevor dieses Buch nun zu Ende geht, möchte ich Dich noch etwas ermuntern.

Ich hoffe, dass ich Dir mit meinen Tipps und Ratschlägen helfen konnte, einen neuen Lebensweg einzuschlagen. Behalte diesen Weg bei und lerne weiter, bedenke, dass Du Dich gerade erst am Anfang Deiner Reise zu einem glücklichen Leben befindest. Wenn Dir mal wieder ein steifer Gegenwind ins Gesicht bläst, dann halte inne, und erinnere Dich an das, was Du bereits geschafft hast. Wenn Du weitere Fragen hast, kannst Du Dich vertrauensvoll auf meiner Internetseite an mich wenden — ich werde Dich gerne weiter auf diesem Weg begleiten.

Abschließend möchte ich Dich noch auf eine weitere Gefahr aufmerksam machen: dem negativen Gedankengut der Medien und der meisten Menschen. Du hast sicher schon bemerkt, dass die Medien (Zeitungen, Fernsehen, Zeitschriften, Internet etc.) sehr viel negative Schlagzeilen haben und demnach auch über sehr viele negative Dinge berichten. Tun sie das etwa, weil die Welt da draußen wirklich so ist? Nein! Sie tun das, um zu verkaufen! Eine unverblümte Redewendung in Zeitungskreisen ist: »Bad news are good news.« Was bedeutet: »Schlechte Nachrichten sind gute Nachrichten.« Warum? Weil es die Auflagen erhöht und damit auch den Gewinn dieser angeblich objektiven Berichterstatter.

Hast Du gewusst, dass sich schlechte Neuigkeiten oder schlechte Erfahrungen rund zehn man öfter verbreiten, als gute? Warum mag das so sein? Weil das Leid anderer die Menschen von ihren eigenen Problemen ablenkt. Weil sie dann nicht mehr gezwungen sind, über ihr eigenes Leben nachzudenken. Ich kann das aus meiner eigenen Erfahrung bestätigen. Meine Eltern hatten jahrelang erhebliche Eheprobleme. Ständig stritten sie und verletzen einander. Als jedoch meine Ehe scheiterte, haben sie sich sehr liebevoll um mich gekümmert, mir geholfen, wo es nur ging — und interessanterweise haben sie in der Zeit nicht einmal miteinander gestritten. Sie waren wegen meiner Probleme abgelenkt und kümmerten sich daher nicht um ihre eigenen.

Dieses Verhalten klingt doch erst mal ganz gut, oder? Erfahre vom Leid anderer und Deine Probleme treten zurück.

Das ist jedoch ganz und gar nicht gut! Zunächst einmal werden die eigenen Probleme nicht gelöst, wenn man sich davon ablenken lässt — sie bestehen fort und schwelen im Hintergrund weiter. Jede Art eines verdrängten Problems macht dieses nicht besser, sondern trägt nur dazu bei, dass es unbemerkt weiter wachsen kann.

Dann ist da noch die Seite, dass wir — wenn wir uns überhaupt mit negativen Dingen befassen — unser Unterbewusstsein wieder auf negative Dinge »programmieren«. Wie soll unser Unterbewusstsein positiv für uns arbeiten, wenn wir uns immer und immer wieder mit negativen Dingen befassen? Bedeutet das nun, Du sollst die Dinge, die in der Welt zweifelsohne passieren, einfach ignorieren? Will ich damit sagen, Du sollst weltfremd und vielleicht sogar naiv glauben, alles rings um uns und in der Welt herum ist rosarot? Natürlich nicht. Ich will Dir nur raten, Dich nicht übermäßig damit zu beschäftigen.

Wenn Du von einer großen Katastrophe auf der Welt erfährst, dann bringt Dich das nicht weiter. Vielleicht hast Du Mitgefühl mit den betroffenen Menschen — musst Du deshalb mit leiden? Du kannst Dir jetzt folgendes überlegen: »Kann ich etwas dagegen tun?« Wenn Du zu dem Ergebnis kommst, dass Du etwas tun kannst, dann tue es! Es ist ein Akt von Nächstenliebe und kann Dir sehr viel Kraft geben.

Kommst Du jedoch zu dem Ergebnis — und das wird wohl auf die allermeisten von uns zutreffen — dass Du nichts dagegen tun kannst, dann beschäftige Dich auch nicht weiter damit, denn dann wird es einfach nur negatives Denken sein, das Dir Kraft raubt!

Kurz gesagt, wird es Dir sehr viel mehr helfen, ein positiv denkender — also optimistischer — Mensch zu sein. Und es ist auch recht einfach, dahin zu kommen: Du musst einfach nur mehr über positive als über negative Dinge nachdenken! Wenn Deine Gedanken zu mindestens 51 % am Tag an positiven Dingen hängen, wirst Du zwangsläufig ein Optimist.

Wie kannst Du das erreichen? Gehe einfach auf dem Weg weiter, den ich Dir aufgezeigt habe. Beschäftige Dich mit positiven Dingen. Lese aufmunternde Bücher, besuche Seminare. Entscheidend ist, dass Du Deine

Einstellung änderst und den festen Vorsatz fasst, ein glückliches und positives Leben zu führen! Dazu kann auch gehören, dass Du Dich von Menschen fern hältst, die negativ denken und die Dir Kraft rauben. Damit will ich nicht sagen, dass Du Dich von Deinem bisherigen Umfeld radikal trennen sollst — bewahre bewusst Distanz zu Menschen, bei denen Du merkst, dass sie nur negativ eingestellt sind. Du wirst sehen, dass das nicht zu schwer wird, es wird sich im Laufe der Zeit ergeben. Du wirst auf Deinem Weg neue Menschen »anziehen«, die dann besser zu Dir und Deinem Mindset passen.

Ich habe Dir eben gesagt, dass sich negative Dinge weitaus öfter verbreiten, als positive Dinge. Dazu musst DU jedoch nicht gehören! Es hilft Dir auf Deinem Weg auch, über positive Dinge zu sprechen! Wenn Du mit Deinen Mitmenschen sprichst, dann denke darüber nach, was Du Positives sagen kannst! Eine Möglichkeit wäre, darüber zu sprechen, wie sich Dein Leben positiv verändert hat! Sprich mit Deinen Mitmenschen darüber, lerne gleichgesinnte kennen und rede mit ihnen darüber!

Sofern ich Dir mit diesem Buch helfen konnte, ein glücklicheres und selbstbewussteres Leben führen zu können, dann emp-fehle es bitte weiter und sprich darüber, wie es Dir selbst geholfen hat. Sicherlich kennst auch Du viele Menschen, denen dieses Buch helfen könnte. Auch eine Bewertung des Bu-ches hilft mir — und ich bin Dir jetzt schon sehr dankbar für Deine Unterstützung.

Erfahre Gutes, und rede darüber.

Bitte bleibe auf diesem Weg und befreie Dich von Zweifeln, Ängsten und negativem Denken — werde einfach glücklich! Das wün-sche ich Dir von ganzem Herzen

Egal, was in Deinem Leben passiert, den-ke immer daran:

Du bist ein Gewinner!

ANHANG

Im Folgenden erhältst Du die Vorlagen für die Übungen. Du kannst sie gerne kopieren oder beschriften.

Du kannst Dir die Vorlagen auch kostenlos auf meiner Internetseite

www.lebe-selbst-bewusst.de

herunterladen und dort so viele davon ausdrucken, wie Du benötigst.

ENERGIE-RÄUBER

Negative Gedanken und Gefühle sind Energie-Räuber. Diese Übung soll Dir Deine Energie-Räuber bewusst machen und Dir helfen, sie abzustellen.

Frage Dich: Was stresste mich in den letzten 3 Monaten? Was gefällt mir nicht? Was nervt mich? Was habe ich für Probleme? Wovor habe ich Angst?

1. Bitte aufschreiben:

_____

_____

_____

_____

_____

2. Wie sieht der Ideal-Zustand für die obigen Bereiche aus?

_____

_____

_____

_____

3. Warum habe ich diese Dinge bisher nicht verändert?

_____

_____

_____

4. Wie lange will ich noch damit warten?

_____

_____

5. Was würden sich für Vorteile ergeben, wenn ich diese Dinge ändern würden?

_____

_____

_____

_____

6. Was tue ich jetzt?

_____

_____

_____

_____

7. Was fehlt mir, wer könnte mir dabei helfen (Zauberworte: Bitte, hilf mir...)

_____

_____

_____

_____

_____

IST-ZUSTAND

Wie sieht Dein momentaner Ist-Zustand in Deinem Leben aus?
Wo stehst Du? Wie fühlst Du Dich? Wie siehst Du Dich selbst?

Bitte aufschreiben

_____

_____

_____

_____

_____

_____

_____

_____

_____

_____

_____

_____

_____

_____

SOLL-ZUSTAND

Wie soll Dein Leben in Zukunft aussehen? Wo möchtest Du sein?
Wie willst Du Dich fühlen? Was möchtest Du erreichen?

Bitte aufschreiben

_____

_____

_____

_____

_____

_____

_____

_____

_____

_____

_____

_____

_____

ICH LIEBE MICH

Erster Teil: Finde 25 Gründe dafür, warum DU DICH liebst! Das können Kleinigkeiten sein und auch fundamentale Dinge. Wichtig ist nur, dass Du nicht aufgibst, bis Du mindestens 25 Punkte gefunden hast. Wenn Du mehr findest, dann schreibe die 25 wichtigsten für Dich auf. Es ist nicht wichtig, was andere von Dir halten, oder ob Du meinst das andere das auch so sehen, sondern nur, warum DU DICH liebst!

1. _____
2. _____
3. _____
4. _____
5. _____
6. _____
7. _____
8. _____
9. _____
10. _____
11. _____
12. _____
13. _____
14. _____
15. _____
16. _____
17. _____
18. _____
19. _____
20. _____
21. _____
22. _____
23. _____
24. _____
25. _____

Ich liebe mich — Teil 2

Zweiter Teil: Finde die 5 wichtigsten Punkte, aus dem 1. Teil, was Du an Dir liebst. Dann übertrage diese Punkte auf dieses Blatt und finde zu jedem Punkt 5 Gründe, WARUM Du diese Eigenschaft oder diesen Punkt an Dir liebst. Denk daran, dass Du gute Gründe dafür findest. Schließlich soll es glaubhaft sein!

1. _____
    1.1. _____
    1.2. _____
    1.3. _____
    1.4. _____
    1.5. _____

2. _____
    2.1. _____
    2.2. _____
    2.3. _____
    2.4. _____
    2.5. _____

3. _____
    3.1. _____
    3.2. _____
    3.3. _____
    3.4. _____
    3.5. _____

4. _____
    4.1. _____
    4.2. _____
    4.3. _____
    4.4. _____
    4.5. _____

5. _____
    5.1. _____
    5.2. _____
    5.3. _____
    5.4. _____
    5.5. _____

Was war heute toll? Wofür bin ich dankbar?

Datum: _____

Was war heute toll, was ist mir gelungen, worauf bin ich heute stolz?

1. _____

_____

2. _____

_____

3. _____

_____

Wofür bin ich heute dankbar?

1. _____

_____

2. _____

_____

3. _____

_____

TÄGLICHE CHECKLISTE

Datum: _____

☐ Spiegelübung gemacht?

☐ Affirmationsübung gemacht? (Ich bin ein Gewinner!)

☐ »Ich liebe mich« Teil 1 und 2 gelesen?

☐ »Wofür bin ich dankbar« (am Abend)?

Neue Erkenntnisse/Fortschritte/Veränderungen:

_____

_____

_____

_____

_____

_____

_____